序

2004年，一群中国帆船爱好者集资从法国NAUTITECH船厂定制了一艘12米长的新型双体帆船，并从名著《堂吉诃德》中得到灵感，将帆船命名为“骑士”号。“骑士”号从法国拉罗谢尔港口起航，穿越半个地球，横跨欧非亚7个海区，航行1.1万海里。其间途径26个国家和地区，在45个港口留下了中国帆船经过的印记，而整个航海活动被称为“纵横四海”，这也成为中国民间首次洲际远航活动。此后，这些最早接触到航海运动的中国航海骑士萌生出一个创办中国人自己的帆船赛事的想法。

到今天，中国杯帆船赛不仅有大帆船赛事。2014年，我们首次设立中国杯青少年OP帆船表演赛；自2015年开始，表演赛升级为中国杯青少年公开赛，成为正式赛事。小帆手们在这里参加刺激激烈的帆船赛：他们扬帆驰骋在蔚蓝海洋、结交来自世界各地的新朋友、登上中国杯大赛领奖台领取属于自己的勋章和奖牌……

总有人解读我们从事的是奢侈的运动，殊不知，帆船运动不过是中产阶级的生活方式之一。而关于奢侈，我的定义从来都不是物质上的，而是时间上的。对于一个人的一生而言，花十年的时间做一件事也算得上奢侈，而十年，对于整个中国的航海来说，才刚刚起步，而我终极的梦想就是希望这样一项“奢侈”的运动变成一种平常，因此每周末看到众多小朋友气定神闲的驾驶帆船迎风启航，我想青少航海可能是实现中国最早一批航海者追海逐梦的最好路径。

当年我为中国杯写下一句愿景，“追心中的海，逐世界的梦”，每一个人心中都有一片海洋等你去挑战，而在这个百分之七十都是海洋的地球上，我们与世界应该保持一种共通、交融，无论是用帆船还是其他。

中国杯帆船赛管理有限公司首席运营官 / 创始人

万物文化传播有限公司董事长

2017年07月

目录

第三章 航海技术须熟练

第四章 航海安全记心间

第五章 大海与星辰

教练君、小御和芋头

你好！
在本书中你将常常见到我们的身影，
现在由我来给你做介绍吧。

我，小御

帆龄3年的小水手，
同时也是助理小教练。

我喜欢开帆船，
喜欢阳光和大海，
贼喜欢自己的小麦色肤色。

训练时能吃苦，
还会照顾新朋友。

好吧，我也是一个话唠。

教练君

资深专业帆船教练，上课时认真细心，课后高冷。
不讲废话。
络腮胡是他的个人标志，任何人都碰不得。
但悄悄告诉你，他其实是一枚暖男，能细心照顾到每位同学的需求。

我的小狗：芋头

品种：纯种中华田园犬，简称土狗。
水性好，很调皮。
拥有定制救生衣，可谓狗中豪杰。
坚信狗生的意义是吃、睡、玩。

写在前面的话

小朋友看这里：

五千多年前的古埃及人最早发明出帆船。帆船是什么？即是有帆的船。
帆船最早是一种交通运输工具，就像海里的公交车和私家车。
到现在，帆船运动更多的是我们休闲娱乐的方式。

我猜，你一定去过海边，站在浪花边上看着茫茫大海，思考世界的浩瀚。
地球有71%的表面积被海水覆盖，
你是否想过真正去到海的中央，与浪花同游，与微风相伴？
如果你觉得这个主意还不错，那么帆船就是你的最佳选项。

“可是我不知道帆船怎么开。”你也许会这样说。
在这本为你精心准备的书中，你将了解到关于帆船的许多信息，比如：
帆船里有哪些东西；
船上的帆要怎样控制；
帆船比赛是什么；
世界上有哪些厉害的航海家；
……

我想，你看完这本书后会发现开帆船其实并不难，
并且好像还挺有意思。
其实呀，事实也就是这样。

欢迎你来到蔚蓝大海的世界，与我同行。

Enjoy the book!
小御

大朋友看这里：

小御同学热情邀请我为本书向大朋友们写点什么，看到她那么积极，我得话唠几句。

要说帆船对于中国的重要性，明朝郑和七下西洋足以展现中华民族曾经辉煌的航海文化。而高度国际化的今天，帆船又作为一种全新的生活方式和休闲竞技运动重新进入人们的视野。2007 年首届中国杯帆船赛在深圳大亚湾举办，国内每年只有 3 场大帆船赛事。十年后的 2016 年，国内每年大大小小的业余帆船赛事已逾百场。

大人们玩船的同时，我们的第一批“帆二代”也在快速成长。他们和新西兰、欧洲、美国的小朋友一样，从六七岁就开始接触 OP 帆船，参加帆船夏令营，出征青少年帆船赛……两只小手一手握住副舵柄，一手紧抓主帆缭绳，目光坚定地望向前方海域，孩子们在海上与风浪搏击的样子每次都能让我感动。

我常告诉小朋友，帆船即是有帆的船。在这个解释背后，帆船又到底是什么？

帆船本身只是玻璃钢、碳纤以及其他材料制成的一个载体，但它不仅承载人的重量，还承载许多重要的特质。帆船运动能培养一个人的自立性、问题解决能力、团队精神、好奇心、身体协调能力等。与此同时，帆船又是一门“国际通用语言”。作为世界范围内广受欢迎的一项水上运动，帆船运动为我们搭建起一个宽度与深度并存的国际化交流平台。

就像音乐不分国籍，体育自古以来也是包容与多样化的体现。在许多青少年帆船的国际赛场上，我们可以看到来自世界各地的小帆手们在同一片海域上，驾驶同样级别的帆船，运用全世界通用的帆船竞赛规则进行帆船比赛。他们从中收获的可不仅仅是健康的小麦肤色。

能看到他们逐渐变得独立，并且始终保持一颗探索不止的心，从而拥有一份美好的未来，是每一位家长的心愿。而帆船在这条路上，则是一个优秀的载体。

编写本书是为了向心向大海的小朋友们就小帆船进行全面的介绍。与此同时，作为长辈的您也可以与小朋友一起阅读这本书。希望它能给你们带来一段欢乐的时光。

教练君

第一章
航海物语小解释

白马千群浪涌，银山万叠天高。

这是清朝诗人宋琬笔下描写潮汐的句子，

说汹涌的潮水，

像千群白色骏马奔涌而来，

那浪花又像银色的山峰堪比天高。

哟呵，潮水有这么厉害？

在这一章里，你不仅能找到关于潮汐的有趣内容，

还能看到关于帆船和航海的各种物语讲解。

长知识的时候到了，

ARE YOU REDAY?

奔跑的空气｜风

空气不安分，跑起来就成了风。空气这个好动症的毛病，有时候要怪太阳：太阳光跑到地球表面上使地表变热，这里的空气受热后兴奋地蹿上天，原来的位置迅速被周围的空气占据。这样奔跑的空气就是我们所说的风。后来，蹿上天的空气逐渐冷却开始下降，到地表受热后又蹿上天，周而复始。

我们常说走路时“清风拂面”，有时又讲“狂风暴雨”，可想而知人们对风力大小是有界定的。有一首直观轻松的打油诗来表示风力等级的不同：

零级烟柱直冲天，一级青烟随风偏；
二级轻风吹脸面，三级叶动红旗展；
四级枝摇飞纸片，五级小树随风弯；
六级举伞有困难，七级迎风走不便；
八级风刮树枝断，九级屋顶飞瓦片；
十级拔树又倒屋，十一二级陆上很少见。

就像各地都有各地的方言，奔跑的空气也跑出了不同的种类。现在我们来看看三种空气好动症的情况：

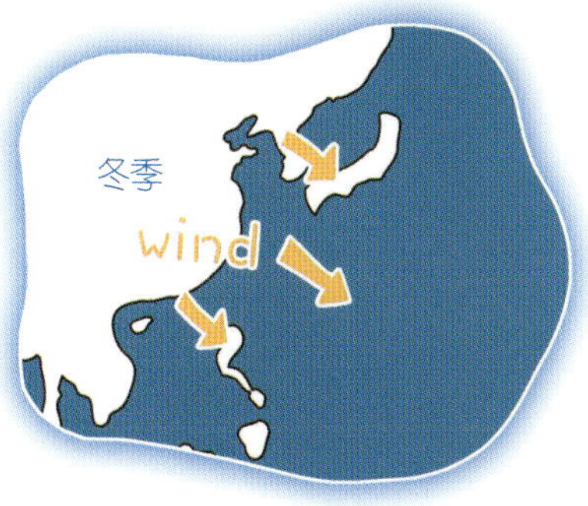

季风

这是盛行风由于季节变化而改变的好动症，可以理解为海陆风的升级版。冬季，干燥的空气从陆地跑回海上，这叫冬季风；夏天，它又从湿润的海上跑回陆地，叫夏季风。季风给我国大部分地区带来了冬干夏湿的季风气候特色。

海陆风

居住在海边的空气每天会跑步运动两次，太阳升起时从海面跑到陆地，太阳落山时从陆地跑回海面。因为昼夜交替，并且方向也固定有序，海陆风的好动症病情不算严重，一般仅深入陆地 20 — 50 千米，又称海滨风。

台风

在夏秋季节的高温热带海面，海水蒸发到空中引发空气的好动症，空气在地球旋转的带动下也开始旋转，这个空气漩涡在高温加热下越转越大，最后形成台风。它的好动症有一项特殊情况，那就是旋转性。

听起来台风好像是个善意的好家伙？不不不，台风是个破坏力极强的捣蛋鬼，从海上跑到陆地时会造成大量物品损坏。台风来临前，要做好准备和保护措施；捣蛋鬼登陆时关好门窗，避免户外活动，在室外也要远离建筑工地。安全问题不可儿戏！

tips

在帆船运动中，我们管自己叫“靠天吃饭的人”。风吹帆，帆带船。风是帆船的动力来源，是帆船的粮食和水源。在航行中的水手们需要时刻知道风从哪里来，来确定自己的航向。风向可以通过你的皮肤感知、寻找飘动的旗子等方法来判断。

空气的好动症说来就来，想走就走。在航行中，风力有时会突然增大或者突然完全消失，不用惊慌或着急，只需冷静乐观地对待它们。我们都知道天气因素不受人力控制，在自然面前保持乐观和敬畏，也是帆船教会我们的好心态呢。

海水的涨落变化｜潮汐

为什么有潮汐?

海水时时刻刻发生着变化，一会儿变多，一会儿变少，人们想破脑袋也不知道这是为啥。古希腊有一位哲学家叫柏拉图，他以为地球和人一样也要呼吸，而海水涨落就是地球的呼吸。所以他猜想这是由于地下岩穴中的振动造成的，就像人的心脏跳动一样。我国晋朝有人则认为，海水涨落是因为有一只巨大无比的海生动物定期出入海宫而造成的。但是他们都错了。

三百多年前一个叫牛顿的英国小伙子，散步到一棵苹果树下被苹果砸了脑袋，他想不通为什么苹果直往下掉，而不是飞到天上去。回家刻苦钻研后，牛顿发现所有的物体都会相互吸引，这个想法衍生出后来大名鼎鼎的万有引力定律。因为他和这个苹果，人们才知道原来地球在转动的时候，离周围的天体一会儿近一会儿远，转出了海水的涨落变化。

看一看海水涨落的规律

海水的水位线一直在移动，以前的人决定把发生在白天的变化叫“潮”，晚上的叫“汐”，合起来“潮汐”这个词语就用来表示整个海水的涨落变化。海水每天有两次涨潮和两次退潮，涨到最高时叫作高潮，高潮时间一般能维持一个多小时才开始退潮，这段时间的水位不涨不落叫作平潮，最低潮发生在两次高潮时段的中间。

传统农历中“初一”和“十五”有大潮。海水的涨落在这两天尤其显著，高潮气势汹汹比平时都要嚣张，退潮就败下阵去躲得比平时还要远。这是因为在每个月的农历初一，太阳和月亮都在地球的同一侧，它们一起发挥功力引起大潮；而到每月农历十五，太阳和月亮分别在地球的两侧，各自发挥功力也能引发大潮。这下你知道“逃得过初一，逃不过十五”的由来了吧。

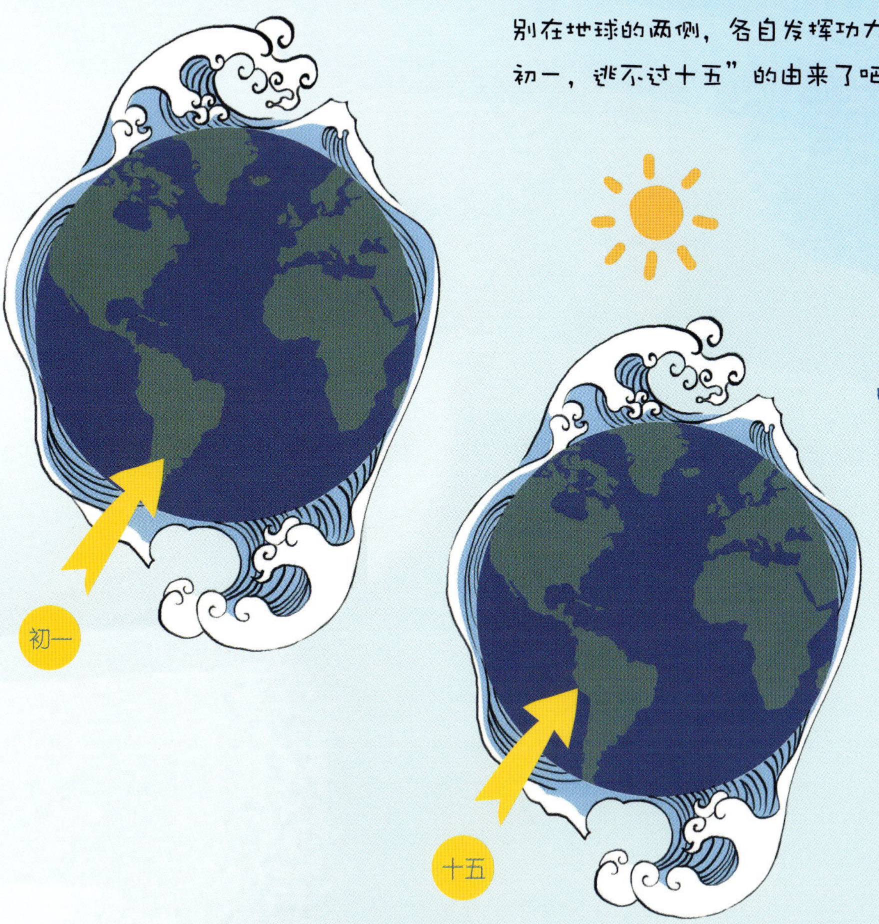

tips

计算潮水的方法

每天的潮水涨落时间都不一样，但是这之间有很简单的规律。实际上，我们只需要一个非常简单的方法，就能算出每一天的潮水最高的时间。这个方法只有两步：第一，知道当天的农历日期；第二，农历日期乘以0.8就行。来举个“栗子”，今天农历初8，8乘以0.8等于6.4，那么今天的两次高潮就大约在6:24am / pm。如果日期大于15，就减去15再乘以0.8。知道高潮时间之后，我们就能判断最低潮的时间，在两次高潮的中间。

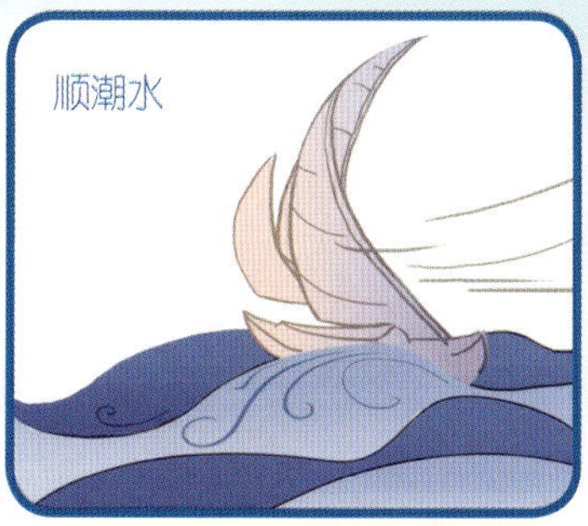

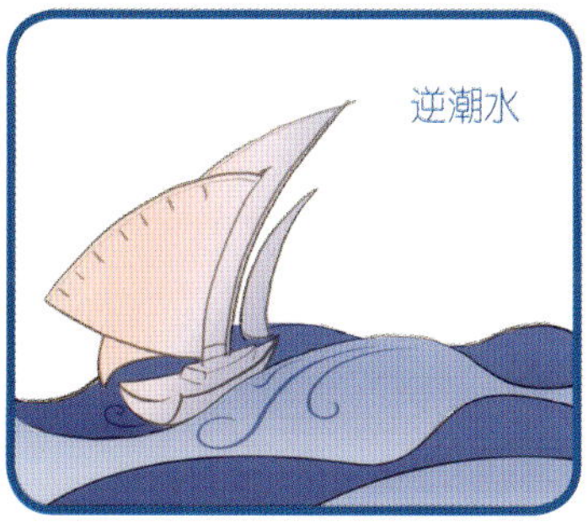

你可能会问，潮汐和帆船有什么关系？我们不妨来设想一下，现在潮水从我方船只正前方涌来，那也就是给我们的船只前进带来阻力，船只会减速；假如潮水是从船尾来袭，那么船顺着潮水自然而然就会开得更快。

然而海水涨落的速度并不是一直都是匀速的，我们把它分成“慢、快、慢”三个阶段。比如从低潮到高潮时，海水先是小心翼翼地慢慢开始涨，这是第一个阶段；到第二个阶段，它胆子变大，噌噌地涨；而到快接近高潮的时候，海水又小心翼翼地慢下来，生怕涨过头。

所以我们在航行的时候，不但要了解海水的涨落，还要判断潮水流动的速度。

船的卧室 | 码头

大人们常说，人要经历风浪才能成长。这是把海上的风浪形容成磨难，而家就是温暖的港湾。但对于真正的水手，风浪是历练，港湾也就是他们实实在在的家；对于船只，码头是它们名副其实的卧室。不同于我们的卧室，船的卧室可不仅仅只有一张床，而是热闹的“大通铺”。

作为法国第二大城市，马赛是一座拥有2500年历史的古城。马赛港如今分为新港和老港。马赛老港的历史可以追溯到公元前600年，勇敢的希腊人终于在地中海一个地势起伏的海湾找到了他们的登陆点：也就是今日的马赛老港。它拥有约3500个床位供大家留宿，是法国最大的帆船卧室。

作为全球顶级帆船赛事，沃尔沃环球帆船赛的总部所在城市，西班牙阿利坎特拥有这个国家最重要的码头之一。阿利坎特码头同样位于地中海沿岸，2014 / 2015 届沃尔沃环球帆船赛就从这里起航，英勇的水手们从这里开始挑战他们身体和意志力的极限。

一年一度的国内帆船盛事——中国杯帆船赛就在这片海域举行。这里海域宽阔、风景优美，还有停靠着大大小小帆船和游艇的卧室，对于深圳的帆船爱好者来说，不失为一个好去处。

世界上厉害的帆船卧室

在没有飞机的年代，人们想要从一块陆地到另一块不相连的陆地时只能通过水路。那个时候，繁荣的水运交通给世界各地留下许多美丽而历史悠久的码头。

还记得 2008 年北京奥运会吗？青岛奥林匹克帆船中心就是在那时候建立起来的，它坐落于青岛市中心，依山面水、风景优美。在这里举办过第 29 届北京奥运会和第 13 届残奥会帆船比赛，醒目的五环和祥云火炬雕塑是这里的标志。

新西兰的第一大城市奥克兰，是闻名世界的帆船之都。如今南半球最大的帆船游艇码头 Westhaven Marina 就在这里。早在两百多年前，这里已经有运输货物和人力的船只前来投宿。得益于新西兰繁荣的航海文化发展，越来越多的船只入住 Westhaven Marina，现在它更是超过 2000 条各种型号的帆船和游艇的豪华大卧室。

1. 航海物语小解释

船的卧室里有些什么？

①墙壁（防波堤）

码头是船的避风港，需要结实稳固的墙壁来隔离外海的风浪。防波堤是所有码头必不可少的基础设施，毕竟谁也不想露宿街头。

②床位（浮动码头）

床自然是卧室最重要的家具，而浮动码头是能随着潮汐涨落而移动的“全自动床位”，一般来说龙骨船和游艇会有自己的独立床位。在航海行业发达的地区，卧室的床位数量不够是很常见的，有的船只甚至需要排队等上好几年才能拥有自己的专属床位。

③座椅（锚球）

锚球是固定在水底、漂浮在水面的一个个漂浮物。就像卧室里的座椅，锚球能让船只休息和借宿。

④沙发（陆域停船区）

大船有床位，小船睡沙发？对于稳向板型帆船，回港后需要将它们从水中拖运到陆地上保存。

⑤地毯（下水坡道）

下水坡道连接陆地和水面，方便船只在水陆之间的托运。

⑥衣橱（门式起重机）

人要衣装，大型船只也需要定期上岸进行保养和维修。这时候门式起重机，也就是我们常说的“龙门吊车”就隆重登场了。有了它，大分量的船只也能轻松上岸得到定期的专业维护。

⑦吧台（餐厅）

出海回来，水手们会在这里点一杯饮料，补充体能。

预言家养成记 | 气象查询

如果有一天，你突然想去出海，收拾好装备来到海边却发现一丝风也没有。“怎么我一来海边就没风了？不开心”，你可能认为老天爷故意和你作对。实际上在科技发达的今天，我们完全可以通过各个气象查询平台，做一个天气预言家。提前一天甚至几天就能预测天气，并根据天气情况做好出海前的准备。

时间

一般来说，水晶球会把一天 24 小时分解成一个个时间点。在这颗水晶球中我们可以看到 8 个时间点，也就是说每两个时间点之间间隔 3 小时。在找到你需要的时间点之后，依次寻找需要的相关信息。

预言家的标配是一颗水晶球。而对于水手们来说，各个天气预报平台就是他们的水晶球。水晶球种类较多，比如 Windfinder、Windy、Global Tide……总的来说功效差不多。我们在这里随机选用一颗水晶球，向你做一次预言家的分析示范。

风向

在读懂这些个参差不齐的箭头之前，先把口诀“上北下南、左西右东”念10遍。现在再来看这些总体从上指向下的箭头，它们代表了总体风向是从北到南，也就是北风。

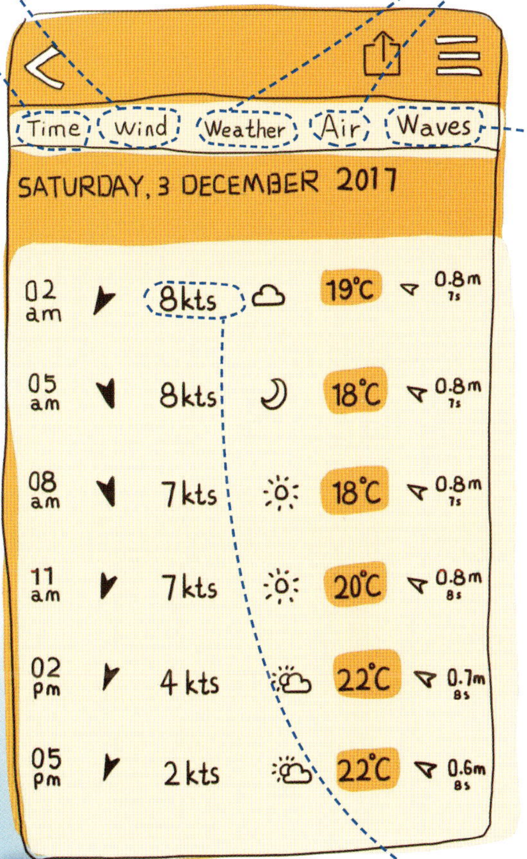

天气状况

在所有的天气预报水晶球中，天气状况是最基本同时不能缺少的一项。下雨可以出海吗？可以，但是建议你带上一套换洗的衣物。打雷闪电可以出海吗？No！

气温

现在你看到的全日气温为18—22摄氏度，掐指一算，这个温度很适合出海。冬天气温会降低，那时你需要根据当天的温度增加保暖的衣物。

海浪

在海浪这一项中，水晶球为我们展现了3个数据。首先是和风向一样的箭头，这代表海浪的方向，万能口诀“上北下南、左西右东”还记得吗？全靠它来判断风向噢！然后是海浪的高度，不到一米的海浪高度是我们完全可以接受的。最后是海浪的时间周期，这也代表了海浪移动的快慢速度。

风力

水晶球对风力大小的预测有两个指标：平均风力和临时最大风力。数字后面的kts是风速单位——节（Knots），1节＝1米/秒。风力过大和太小都不适宜出海。

tips

现在你知道了水晶球的使用方法，在出海之前就能预知海边的气象状况，并且相应地做好准备。比如气温较低时，带上加绒的航海服；可能会下雨时，穿上防水外套，并且多准备一套换洗的衣物；平均风力有可能达到20节，有胆量就准备刺激一番吧！

穿这些出海 | 航海装备

打开电视机可以看到很多不同的体育项目，而不同的运动有它们特定的装备。就像一双好的球鞋能够帮助足球运动员在运动场上跑得更快更稳，一套完整的航海装备也能为水手们带来更加舒适的航行体验。

晒不着/冻不了的衣物

大家都不想被晒伤，于是把防晒霜往身上可劲儿地抹。但是防晒，有个更简单的方法：穿一身让太阳晒不着的衣服。这种衣服自带防晒光环，而且比一层一层地抹防晒霜方便许多。和我们通常穿着的纯棉衣物不同，这种衣服还能在沾水之后迅速恢复干燥状态。

冬天的情况完全不一样。冬天里的太阳可是好朋友，在寒冷的海上，温暖的阳光不再是我们要躲避的对象。不仅如此，你还需要厚实的衣服来保证身体始终暖暖的。保暖，有两个途径：一是防止寒气跑进来，而冬天的航海服外层是满满的防水涂层，挡住冰凉的海水；二是留住衣服里面的温度，而航海服内层毛茸茸的抓绒，舒适度媲美鸭绒被。

保护双手的袋子

在海上的时候，我们的两只手会十分繁忙：要拉绳子、要放绳子、要把控好舵、说不定还要挠痒痒……两只手要是经常直接“工作”的话，受伤和老化的可能性就比较大了。所以水手们会戴上两只保护双手的袋子出海。

这两只袋子长得和双手一模一样，细致地把每根手指都包裹起来，十根手指都能活动自如，不受旁人的约束。同时，袋子在掌心和手指关节处还做了加厚处理，让它能更长久地保护我们的双手。

1. 航海物语小解释

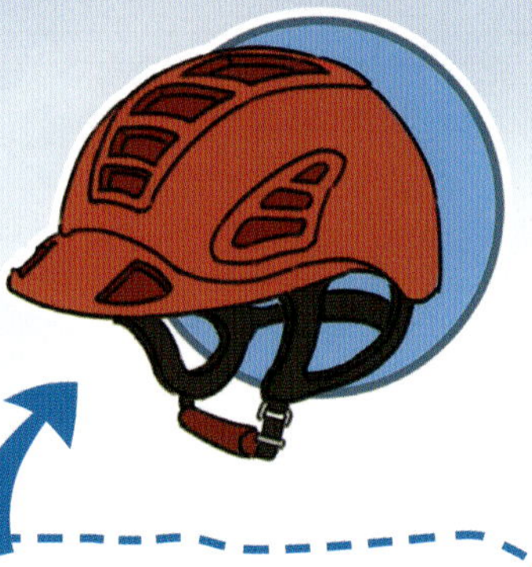

保护脑袋的帽子

帆船上有一根横在空中的金属棍子，它会在帆船航行方向发生变化的时候左右摆动。这时候水手需要低下脑袋，来躲避这根金属棍子。为了更好地保护我们的脑袋，在出海之前我们会戴上这样一顶特别的帽子。

这帽子可不同于商场里卖的鸭舌帽：坚硬的材质让它够资格和金属棍子“硬碰硬”；像气球一样的形状能够和我们的脑袋更好地契合；硬壳下面的绑带和扣子能把帽子固定在脑袋上，免得头一晃就掉到水里，不知去向。

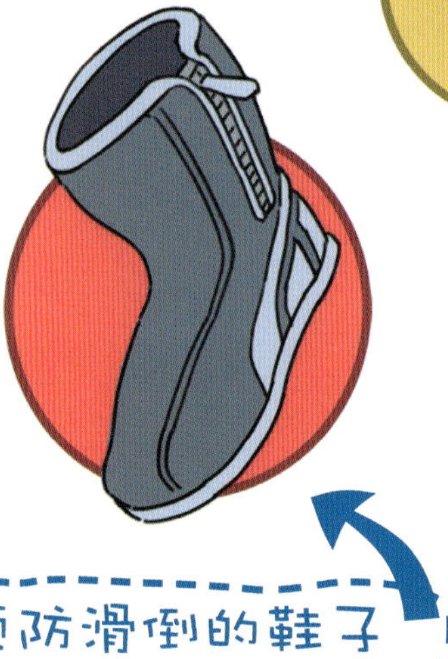

预防滑倒的鞋子

码头地滑容易摔跤，水手们可从来不会穿着铮亮的皮鞋或者高跟鞋出海，而是选择一种可以防滑的鞋子。这种鞋子特别的地方在于鞋底的纹路像一条条细细的水波。这种细水波形纹路在遇到水后，反而会更加防滑。我们还发现，这种鞋子高高的鞋帮能够很好地保护水手脆弱的脚踝。即使磕到碰到，这样的鞋子也能够防止脚踝受伤。

让人浮在水面的背心夹克

许多人都有这样的疑问：不会游泳，能玩帆船吗？当然可以！有一件特殊的背心夹克，能够让人浮在水面上。背心夹克首先要合身，太小会勒得难受，太大会导致活动不方便；其次，因明亮的橙色和黄色在水里最容易被一眼看到，它们也成为这类背心夹克最常用的颜色。

就像在公园散步和攀登高山要携带的衣物不一样，在不同级别的航行中需要的背心夹克的等级也不一样。一般来说，小朋友在近岸航行时，需要一件能提供 100N 浮力的背心夹克。100N 大约就是 200 个苹果的重量。可别误会，这并不是说这件夹克和 200 个苹果一样重！而是当你在水中时，它能提供约与 200 个苹果重量相当的浮力，帮助你轻松地浮在水面上。而远洋级别的航行所需要的背心夹克就厉害了，它们有的甚至带有定位装置，让人们在汪洋大海里也能找到意外落水的水手。

来到码头，换上鲜艳的背心夹克、防晒的衣服、牢固的头盔、结实的手套和水鞋。烈日下面没有晒伤，寒冷冬天没有着凉，风浪里面没有磕碰和害怕，美哉。

装人的硬壳子 | 船体

很久以前的人看到叶子从树上慢慢落下，又发现扁平的叶子可以漂浮在水上，得到启示从而发明了船。起初，他们在木头中间挖一个坑，人带着行李坐在坑里，这就是最原始的独木舟。没过多久，他们又把多根木头并排绑在一起，这样的木筏可以载更多人。再后来，这种载人的硬壳子种类越来越多：圆的像竹篮，方的像豆腐，大到像岛屿的，小到一个人能抬动的……

直到今天，硬壳子的形状还是多种多样。只装一个小朋友的 OP 硬壳子就像极了一块白色的豆腐，整齐洁白，很是好看；RS — Quba 硬壳子有一只尖嘴，这样的形状可以减少水带来的阻力；49er 硬壳子的两边还有一对翅膀，让水手们可以通过杠杆原理把硬壳子压得更平稳。现在的人把这种由一个硬壳子构成的船叫作单体船。

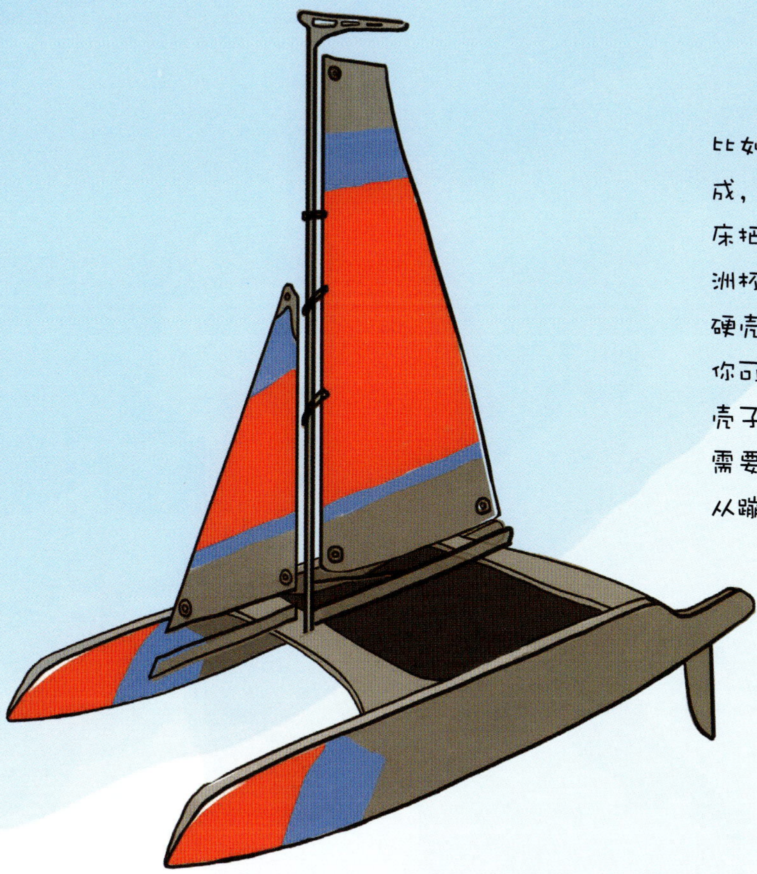

双体船和多体船自然也有。比如双体船是由两个硬壳子组成，再用两根棍子和一张网状蹦床把它们连在一起。牛哄哄的美洲杯帆船赛如今使用的就是两个硬壳子的双体船。比赛的时候，你可以看到水手们站在一侧的硬壳子里，两两组队面对面地工作。需要到另一个硬壳子时，他们会从蹦床上蹦蹦跳跳地跑过去。

以前的人用木头作为硬壳子的材料，现在有许多其他选择，包括玻璃钢、碳纤维、塑料、甚至还有纸……现在我们来了解一下听起来不太熟悉的玻璃钢和碳纤维。

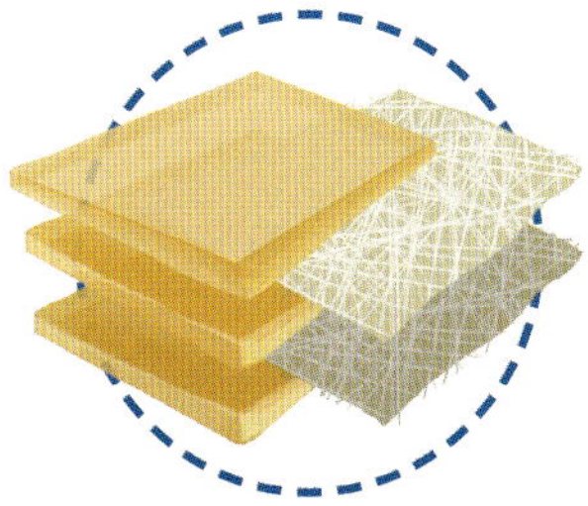

玻璃钢＝玻璃＋钢？那就大错特错了。实际上，玻璃钢是由玻璃纤维加上树脂而得到的一种坚硬的材料。因为玻璃钢既像玻璃那样不怕太阳晒、不怕虫子蛀，又具有钢铁的坚硬，所以取名为玻璃钢。别小看它，它可是建造硬壳子最常用的材料。

碳纤维更厉害了，含有高于 90% 的碳。它比玻璃钢轻，强度却比它高。碳纤维比玻璃钢好这么多，难怪顶级的美洲杯帆船赛的硬壳子都是由碳纤维建造的。但因为它制造工艺程序复杂、难度高，所以想要用碳纤维来建造整个硬壳子，荷包可要准备好。

1. 航海物语小解释

现在你知道硬壳子们形状不一样，材料也不一样，那用处呢？我们来看看这只可以装两个人的 RS-Feva 硬壳子，这只一眼看上去像奇怪的白色尖嘴浴缸的船，有什么秘密呢？

① 壳子的左右两侧像浴缸的边缘翘起来，这是水手平时坐的位置，也更加方便航行水手把船压平。

② 壳里有两条脚蹬带，航行时用双脚钩住绑带，水手可以尽情后仰来保持船的平衡。

③ 尾部平整，航行中有海水进到壳里就能迅速流走。

④ 壳子前部有一个黑色小山洞，那是球帆的住所。

⑤ 壳子的最前方藏着一根金属棍子，只有在顺风的时候你才需要用到这根棍子，我们叫它“球帆杆”。

⑥ 底部平滑工整，使得海水可以顺畅通过，减少阻力。

⑦ 壳子整体呈流线型，尖嘴能减少水流阻力。

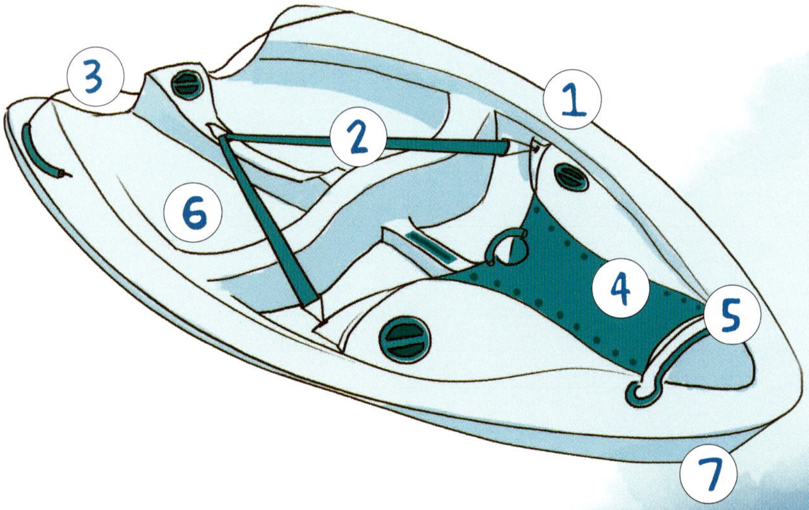

tips

保养船只

这只壳子是帆船最重要的部件之一，就像锅碗瓢盆每次用完都需要清洗，它也同样需要细致的保养。对于比较小的硬壳子，在每次航行结束后都要保证它们回到岸上，用淡水冲洗然后晾干，有的还要穿上衣服，避免过多的风吹日晒；大一些的硬壳子没办法每天上岸，除了定期用大机器把它们抬上岸保养，每次航行结束也要用淡水对船体冲洗才行。有没有定期做好保养工作，对壳子的寿命影响是很大的。船只就像一位好朋友，你细致地照顾它，它也状态良好地反馈在每次航行中，并且能够陪伴你一起度过更长的岁月。

船的方向盘 | 舵

就像骑单车需要把手、开车需要方向盘，船也需要自己的方向盘来控制航行的方向。很久以前的船上还没有帆，想要让船前进只有通过划桨。那时人们发现，划桨角度的不同会导致船只方向的改变。也就是说，桨不但能够让船只前进，还可以控制船的方向。

于是，他们专门设立出一位桨手通过一只船桨来控制方向，这名桨手和他的桨都在船尾。根据杠杆原理，船尾距离船体的转动中心远，桨能最大化发挥作用。正是这一重要经验，让中国古人，也就是我们的祖先发明了船的方向盘——舵。

1. 航海物语小解释

现在我们知道船的方向盘来源于船桨，并且安在船尾。那么它现在又长什么样子呢？我们来看看现代小帆船和大型龙骨帆船的舵有什么不同。

以小帆船中最常见的OP帆船为例，它的方向盘主要由三个部分组成。

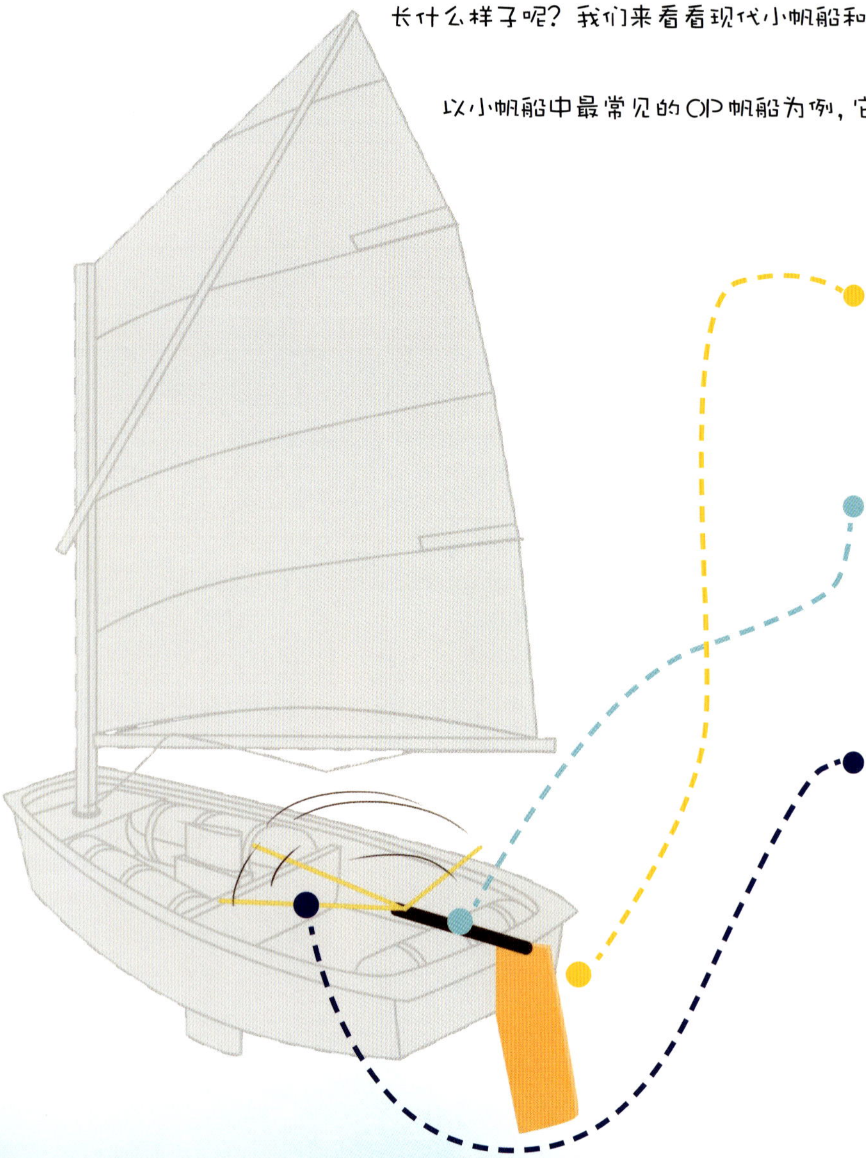

悬挂在船尾外的是舵叶，它一头栽到水里一头连接船体，是整个方向盘中产生实际作用的部分；

横在船体上的棍子叫舵柄，它连接舵叶的顶部并延伸到船体中间来，同样是根据杠杆原理让舵叶的转动更加轻松；

最后一根飞起来的棍子是副舵柄，顾名思义它有着和舵柄几乎相同的功效，而不同点在于副舵柄可以在空中自由活动。在实际操作中，舵手的手握住的是副舵柄，因此可以灵活控制船的方向。So easy！

tips 要注意的是在舵柄控制的方向盘中，舵柄朝左时，船头向右行驶；反之舵柄朝右时，船头向左行驶。

在大型龙骨船比如博纳多 40.7 上，你会发现船尾的舵柄和副舵柄不见了，取而代之的是一只“巨型方向盘”，我们叫它舵轮。在船尾底下，也就是在水里的舵叶和 OP 帆船的舵叶工作原理相同。但通过一系列机械装置，舵叶连接到我们所看到的舵轮。

在使用上，这样的方向盘和汽车方向盘就几乎没什么差异了。想去左边，就把舵轮往左旋转；想去右边看看，往右旋转就行。我们可以在有的帆船上看到两个舵轮，一左一右站在船尾，实际上两个舵轮连接的是同一个舵叶，不管转动哪一边，船只都能改变方向，这样的设计只是为了方便舵手在两侧都能顺利地操控船只。

人们把掌控船舵的人称作舵手，把整个船只的负责人称作船长。一般来说，船队的船长和舵手是同一个人。

舵是引领船只方向的工具，掌控一艘帆船的舵也就掌控了这条船的航向。但在帆船运动中，团队协作是更为重要的。一人成龙，组队成虫在帆船上没有任何意义。如果有一天你成为一只船队的舵手，一定要记住团队的力量远远大于一个人单打独斗。

不怕大风浪的压舱石 | 稳向板

想象一条什么也没有装载的船，比如独木舟在航行时，船的整体重心在水面以上，非常容易翻船。为此，古时候的人们在航行时都备有“压舱石”，以免翻船。一位船老大讲，船舱底部有一间舱室，空船状态时专门用来装水或石头，装上水就叫“压舱水”，装上石就叫“压舱石”。有了它，船的重心往下移动，即使遇上大风大浪，也可以避免或减轻大幅度的摇晃和翻沉。

帆船当然也有“压舱石”，小帆船的压舱石叫作“稳向板”，也有叫作“定水板”的，大帆船的压舱石叫作“龙骨”。稳向板和龙骨都能起到稳定船只的作用，只是稳向板要比龙骨轻很多，所以它主要的作用是防止船只横移。在迎风航行时，没有稳向板的话，帆船几乎没办法前进。龙骨的稳定能力是稳向板的升级版本，拥有龙骨的帆船就像是海上的“不倒翁”，船的重心一直在海平面以下。有时你会看到龙骨帆船倾斜得非常厉害，但你放心，它是不会翻的。

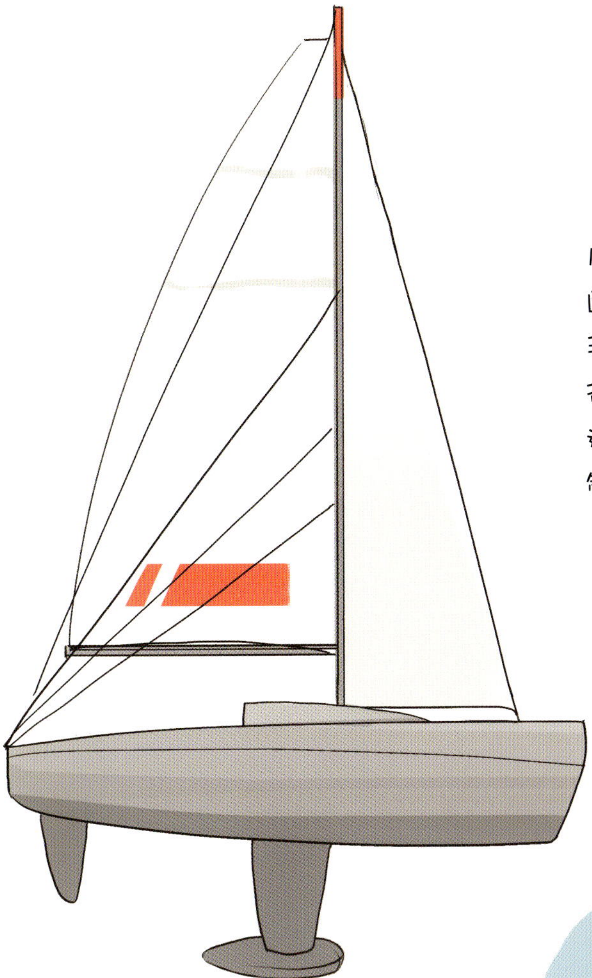

大帆船的龙骨大多是金属做成的，有的要用专门的起吊设备才能拉起来，有的是和船体固定在一起的，不能单独拆下来。无论什么时候，我们都没办法在航行的时候对大帆船的龙骨进行升降操作。但为了平衡船只配重，水手们会通过在甲板上的移动，运用人自身的体重来控制船只的左右前后稳定。

小帆船的稳向板在覆舟正船训练过程中是十分重要的一环。覆舟正船的训练是模拟小帆船航行过程中翻船后如何处理，在保证人船不分离的前提下，借助稳向板的杠杆作用，双手抓住稳向板用身体的力量将帆船扶正。覆舟正船的过程中，有时候风浪大，帆船会完全翻覆，船底向上，帆也会被风吹得受力很大，单凭手臂的力量不能完全将其扶正，这时候就需要站在稳向板上面，用全身的力量将船扶正，动作敏捷的运动员会在第一时间重新上船，再度航行。

稳向板比较轻，制作材料是玻璃钢或环氧树脂，一个人就可以把它提起来。那么在大海上我们什么时候能把它提起来呢？顺着风航行时为了减小阻力，在保证稳定的前提下，我们都会提起稳向板来加快帆船前行的速度。

大大小小的床单 | 帆具系统

古埃及人在五千多年前发明了帆船，帆船的历史从那时延续至今。帆就像大小不一的床单，在一堆绳子和棍子的帮助下固定在船上。风吹着帆，帆带着船前进。

约 4600 年前，我们的祖先用熏烤过的茅草来编织帆席；在新西兰，当地土著毛利人也曾使用他们的本土植物制作帆船的“床单”；后来人们也用一种厚实的布料制作船帆，也就是现在常见的帆布。可不管是植物还是布料，在质量上都无法满足人们的需求。而今天，我们有高分子纤维材料制成的“床单”，比如尼龙、涤纶、碳纤、芳纶等。你在码头所看到的现代帆船所使用的“床单”，因为材料的进步而大大延长了使用寿命。

tips

造帆是项技术活

你知道吗？如果你把一面帆摊开，它并不是一个平面，而是带有一定弧度的立体结构。当你驾驶一条帆船的时候，就能看出船帆美妙的弧度。一面帆也许有着低调普通的外表，但其中蕴含许多知识和技术，比如材料学、空气动力学等，其中的复杂程度至少要等你上高中才能明白一二呢。

主帆（main sail）——最常见的“床单”

这面帆的位置在帆船的中间，你一眼就能看见。所有的帆船上都有主帆，一些小帆船上甚至只有主帆。在现代帆船中，这张“床单”的形状一般是三角形或梯形。

前帆（jib）——前面的“床单”

顾名思义，前面的“床单”因位置比较靠前，被称为前帆。当风从船头吹来时，三角形的前帆在前面帮助主帆把空气“理顺”，让风在经过主帆时更加稳定、有秩序。在前帆的协助下，帆船可以更快地航行。在同一条船上，我们还可以根据需求不同，来配备不同大小的前帆。

球帆——鼓着圆圆肚子的“床单”

球帆有两种：对称球帆（spinnaker）和不对称球帆（gennaker）。这张面积较大的“床单”一般是在风从船后面跑来时，才会被人们挂起来；不工作时，它就在船舱里“睡大觉”。在水手的控制下，它会被风吹得鼓起来，像一个圆滚滚的球面，故名球帆。

爱护帆具

就像爱惜你的玩具一样，即将成为一名水手的你也要保养好每一面帆。海上的风吹日晒，还有海水的冲刷会加速它们的老化。只有得到更好的照顾，它们才可以在你需要时表现得更好，并且陪伴你度过更长的时光。正确的做法是：上岸后首先用淡水冲洗掉海水，然后让它在阴凉处自然风干，最后卷起来放进专用的袋子里，让它们在室内好好休息。

横七竖八的绳子 | 索具系统

数万年前的上古时期，横七竖八的绳子就已经出现了。身穿皮草的古人，用草和小树枝捻合搓揉成“元老级”的绳子，用来记录日期、捆绑野兽、固定房屋、甚至当皮带用……如今在帆船上，可以看到现代横七竖八的绳子，它们和“元老级”比起来可厉害多了。

现代的绳子

现在早就不用树枝作绳子了。因为帆船上需要更加坚韧、耐磨的绳子，人们就发明出用各式各样的材料制造的现代绳子，这些材料的名字可不太好记。

●聚酰胺

你可能对它的俗名尼龙（nylon）比较熟悉。用这个材料制成的绳子摸起来滑滑的，并且不怕天气热，还耐磨。我们在码头上看到用来绑住船，不让船飘走的绳子大多都是由这种材料制成的。

●聚酯纤维

俗名涤纶（polyester），我们穿的许多衣服都是由它制成的。这种材料制成的绳子不怕太阳晒，待在室外也不怕虫蛀和发霉，即使天天放在码头上风吹日晒也不会出问题。

●聚丙烯

最轻的塑料材料。这种塑料材质的绳子几乎不吸水，并且可以长时间地浮在水面。所以人们把聚丙烯制成的绳子用作水面安全绳。如果有人落水，可以迅速找到浮在水面上的安全绳，靠它回到船上。

●聚乙烯纤维和芳纶纤维

这两种材料制成的绳子结实又轻巧。我们用这种绳子作为船上的升帆索和缭绳。你在船上所看到的控制帆的绳子，几乎都是这种材料制成的。

帆船上的绳子

横七竖八的绳子在船上看起来好像乱七八糟，它们的用途可都不一样。分清楚绳子各自的具体用途，是成为合格水手的必备条件！我们在这里讲三种帆船初学者常用的绳子。

不让船漂走的绳子：绳子一头连着船，另一头绑在码头上。这样一来，我们的船就能安稳地待在“家里”。

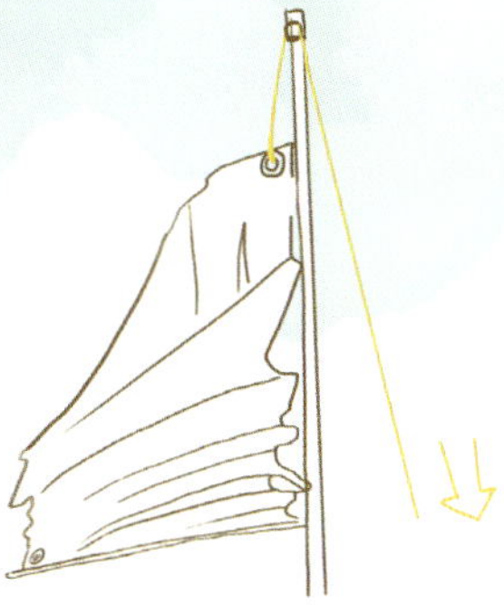

把帆升起来的绳子：我们把绳子的一头绑在帆的顶部，然后拉着绳子把帆升起来。没有这些绳子，人们就无法升帆，那帆船就哪儿也没法去。

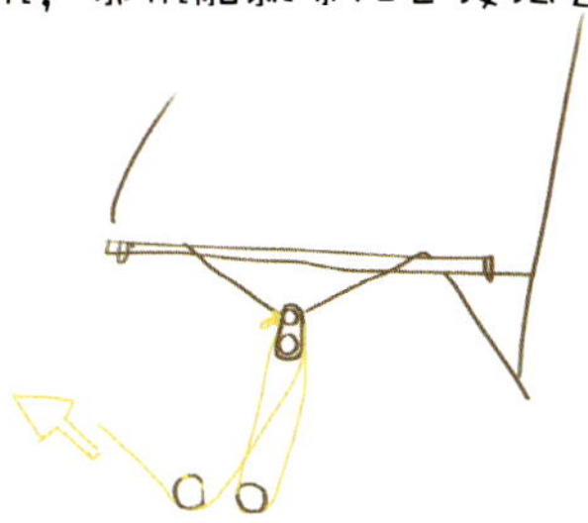

控制风帆的绳子：这些绳子有的连接着船体和风帆，水手们通过这样的绳子来把帆收紧或放松；有的在帆的各个角落，它们细微但又重要地调整着风帆的形状。在比赛中，这些绳子对帆形状的调整至关重要。老船长们常说，船上无小事，细节决定成败在这里也有体现。

1.航海物语小解释

水手必备技能之——打绳结

各种各样的绳索是开船中最重要的工具。想要成为一名合格的水手，会打绳结是必不可少的技能。我们来看看基础绳结有哪些：

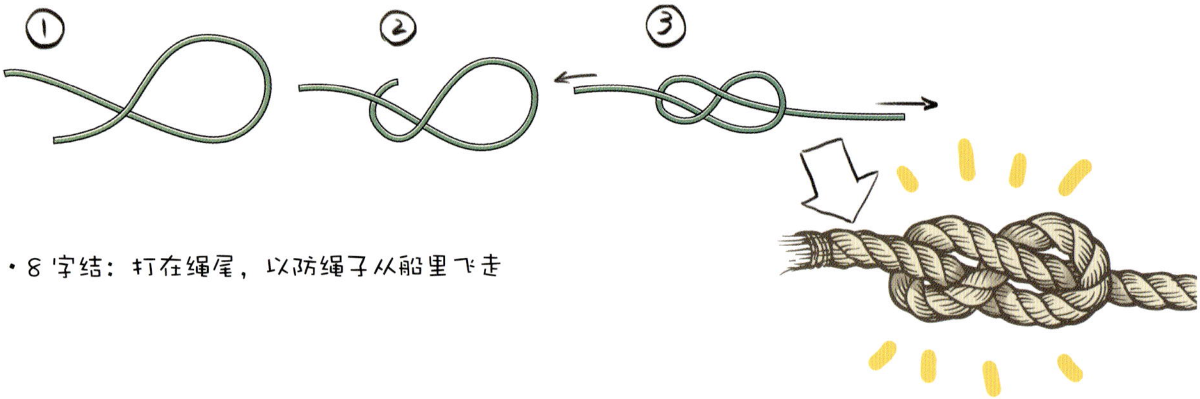

· 8字结：打在绳尾，以防绳子从船里飞走

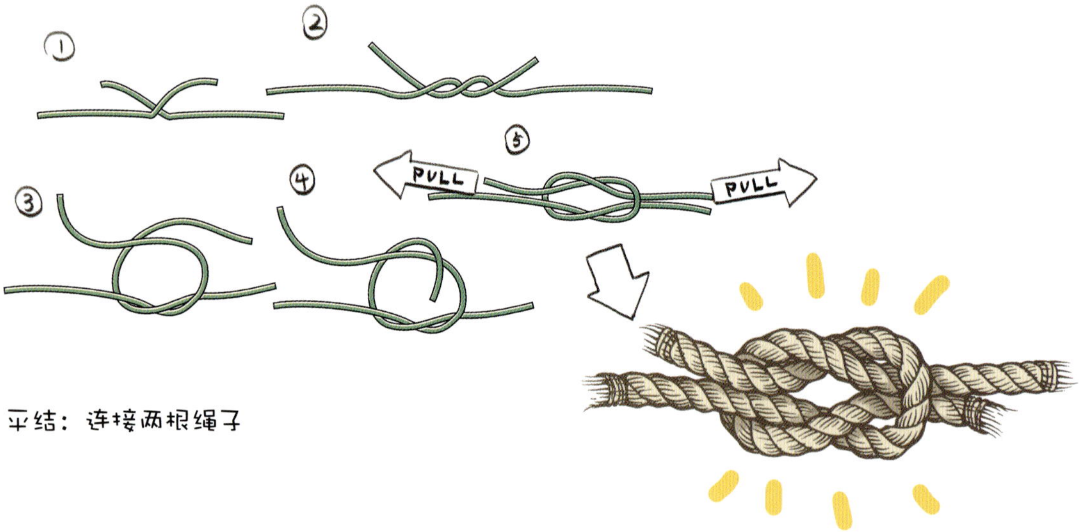

· 平结：连接两根绳子

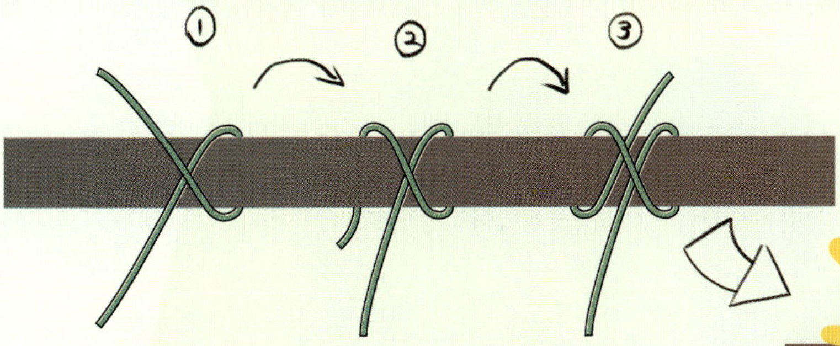

• 丁香结：把碰垫绑在船的护栏上

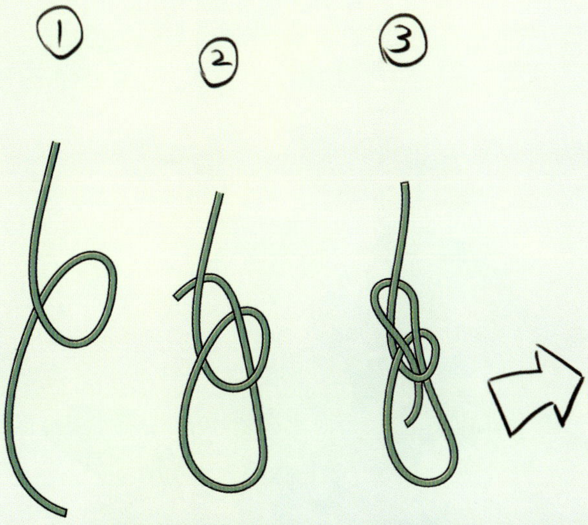

• 单套结：它适用于将你所需要的物件固定起来，可以说随处可用

拽住绳子的工具 | 夹绳器

在帆船上，水手们用力拉绳子扬帆起航，也通过控制绳子来调整风帆。这里就会出现一个问题：拉紧的绳子固定在哪儿？难道水手们要一直拽住所有的绳子吗？为解决这个大难题，人们发明出几种夹住绳索的器械，它们有各自的英文名，中文则把它们统称为夹绳器。

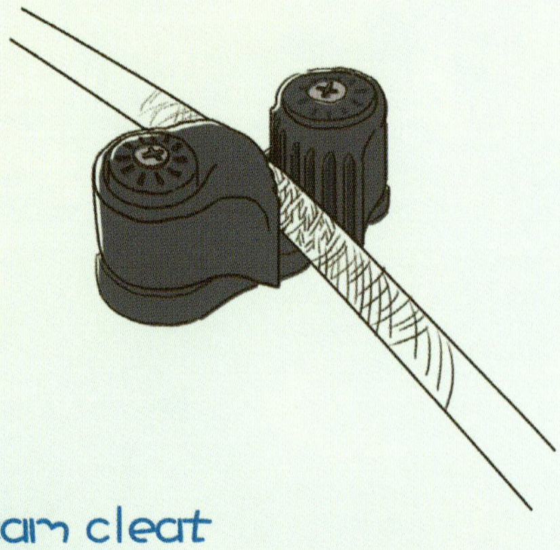

cam cleat

固定：把绳子卡进这两只带有锯齿的轮子中间，搞定。

松开：拉住绳子往外用力一拽，简单。

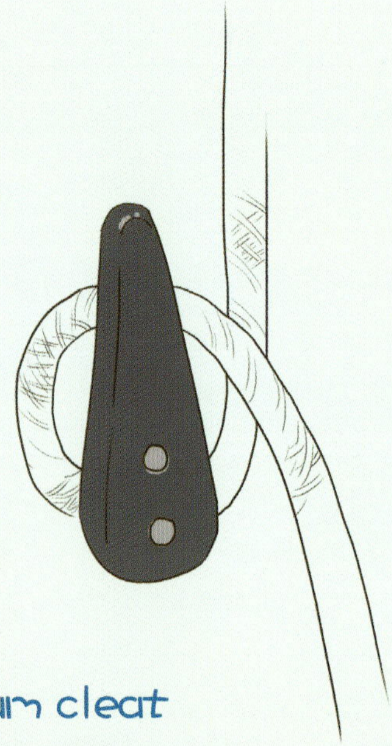

jam cleat

固定：绕一圈，有多余空间就再绕一圈。

松开：解下来。

spar cleat

固定：顺着绳槽往下拉紧。

松开：拿着绳子往外用力一拽，ok。

说到夹绳器，就不得不提到在帆船上同样常见的另一个器械。你知道船越大，需要的帆也就越大，那么对水手们的力量要求也就越高。在龙骨帆船上，你会经常看到这样一坨圆柱体形状的金属块，它叫作绞盘。绞盘有个最好的朋友叫作摇把，它们的关系紧密到要是没有对方，自己就无计可施。所以当你需要使用绞盘时，一定要确认摇把也在船上。

通过这不起眼的金属块，水手的拉力可以被放大40倍，再大的帆、再大的风也难不倒他们。想想看以前的纤夫要是有绞盘和摇把，他们的体力就能轻松节省，只是原来的$\frac{1}{40}$呢。

夹绳器、绞盘和摇把是帆船上十分常见和重要的机械工具，它们能为水手们节省体力，带来许多便利。但是使用时也要注意，别不小心夹住了自己的手。

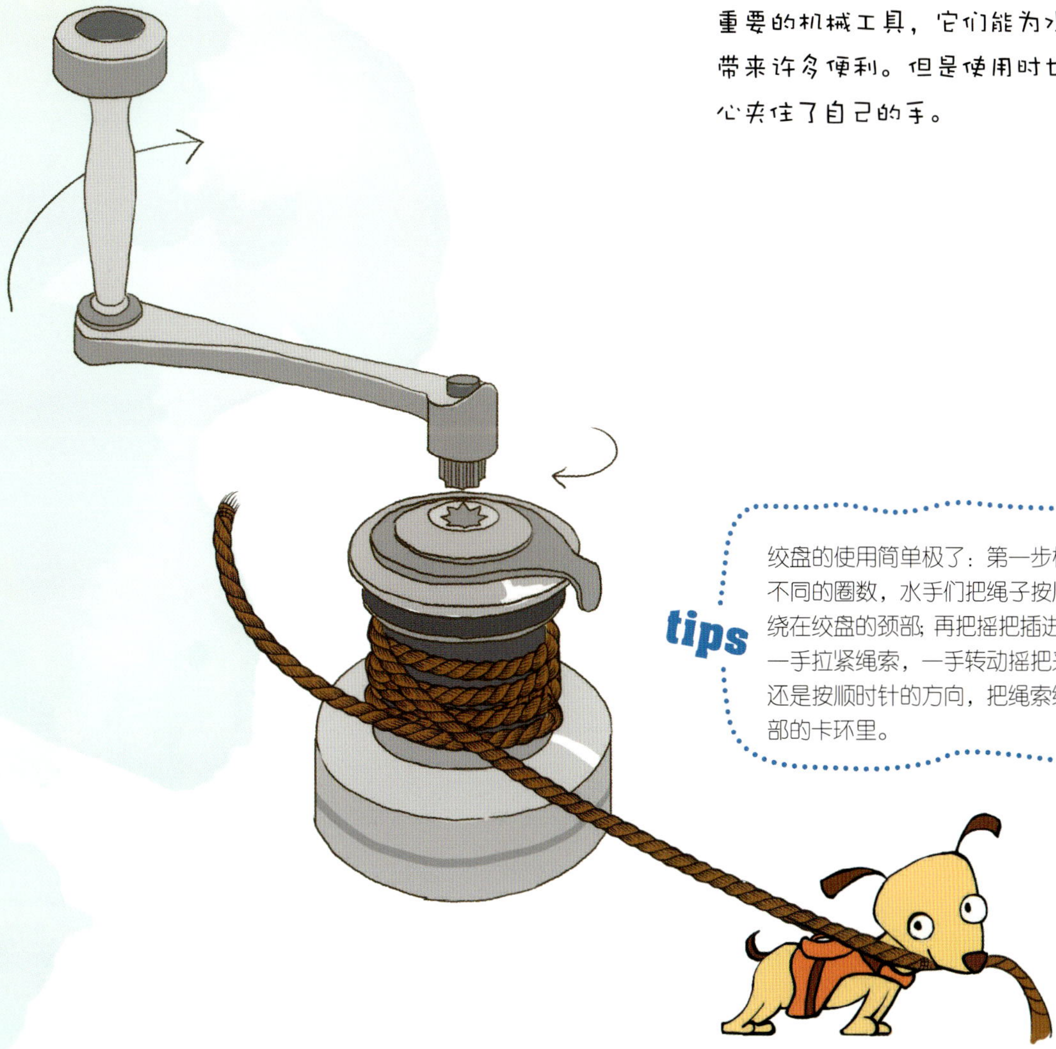

tips

绞盘的使用简单极了：第一步根据风力大小决定不同的圈数，水手们把绳子按顺时针、从下往上绕在绞盘的颈部；再把摇把插进绞盘顶部的孔里，一手拉紧绳索，一手转动摇把来收紧绳索；最后还是按顺时针的方向，把绳索缠绕固定在绞盘顶部的卡环里。

1. 航海物语小解释

停船用的大铁钩子 | 锚

帆船在海上要怎样停下来？对于短时间的减速和停船，我们通过把船头对向风来的方向，或者迎着风的时候把帆完全飘掉。而对于大帆船或者机动船，要想船只长时间、完全停稳，我们需要一只大铁钩子，它叫作锚。以前，我们的祖先把一块大石头或者一个装满石头的箩筐沉入水底来固定船只，那叫作“碇”。他们用绳索拴住碇再连接到船只，当碇沉入水底时，绳索被拉直，船只也就停稳了。

后来，人们发明出有四个爪子的大铁钩子。它沉入水底后，爪子随着船只移动会斜插入泥土中紧紧勾住土地，以防船只漂走。我国古代的帆船就使用这样的四爪铁锚，它直到如今还被小船所广泛使用。

停车需要找一块平整的空地，这块地对于船只来说叫作锚地，也就是它们的“室外停车场”。锚地需要有合适的水深，深度既能让船只顺畅通过，又能让锚链到达水底；锚地还需要泥质或沙质的水底土地，这样的地质能让锚爪更加紧密地抓住水底土地，让船只停得更稳。

人们常说，“我的车抛锚啦，走不动”，实际上真正的“抛锚”就是指使用锚来停船的过程。我们用锚链来连接锚和船只，这是提前需要绑好的。在抛锚之前，还要检查锚链有没有缠绕打结的现象，你肯定不想一会儿一手托着重重的锚，一手解决这个问题。锚链检查完毕后，就可以把锚放入水中，让它嘤嘤地下沉了。抛锚听起来很简单，但是锚一般都比较沉，锚爪又很锋利，抛锚时可别伤到自己，也别伤到别人。所有的锚和锚链因为频繁接触海水容易生锈，要记得每次上岸后用淡水进行冲洗！

在与航海相关的各种图腾中，锚出现的频率可以排进前三。在无边无际的茫茫大海中，锚的存在让船只有所固定，因此人们把它理解为生活中的安顿与停歇。就像长距离徒步时随身携带的小板凳，当你行走在艰难的山路上四肢乏力，有它在心里总有一丝暖乎乎的安心。

海上交通指示牌 | 航标

在马路上，你可以看到各种各样的交通指示牌：抬头有红绿灯、低头有人行横道斑马线……它们就像维护交通秩序的小警察，给路上的车辆和行人以安全提示。在水上，同样也有一群“交通小警察”——各式各样的航标，为大型帆船和机动船服务。在这里我们重点了解几位在海上比较常见的“交通小警察”。

安全水域浮标

这位“小警察”的头顶有一个红色圆球，身上红白相间。安全水域浮标就像一粒定心丸，它的出现即是说明这里的水域是安全且适合航行的。

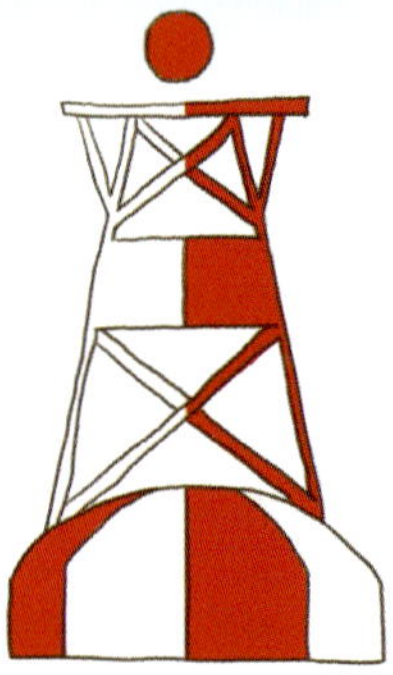

孤立危险物浮标

这位“小警察”的头顶有两只黑球，身上的颜色分别是黑、红、黑。它高冷地站在孤立危险物之上，像在警示过往船只：“我这里封印着危险物，闲杂人等离我远一点。”

方位浮标

你知道在地图上有四个方向：东、南、西、北，在水上我们也有四个相应的方位浮标。这四位“小警察”看起来长得有些相似，但一旦你掌握规律，就能一眼分辨出不同之处。还记得我们之前讲过的口诀“上北下南，左西右东”吗，再把这方位与钟表表盘联系在一起。

北

“上北”，头顶两个箭头都朝上，身体颜色上黑下黄；“上北”，钟表表盘上显示是 12 点，因此它会连续闪光 12 次。

西

英文是 West，头顶的上方箭头朝下、下方箭头朝上，合并看起来像字母 W，身体颜色黄、黑、黄；“左西”，钟表表盘上显示是 9 点，它会连续快闪 9 次。

东

英文是 East，E 联想到 Egg 鸡蛋，头顶的上方箭头朝上、下方箭头朝下，合并看起来像一只鸡蛋，身体颜色黑、黄、黑；“右东”，钟表表盘上显示是 3 点，它会连续快闪 3 次。

南

“下南”，头顶两个箭头都朝下，身体颜色上黄下黑；“下南”，钟表表盘上显示是 6 点，它会快速闪光 6 次，加上 1 次慢闪。

躲避方法

当大型帆船和机动船在海上看见北航标时，这位“小警察”就是在告诉它们只能从它的北方经过；看到东航标时，只能从它的东方经过……它们有时环绕成一个圈，圈内包围的就是危险物的位置。

风帆家族｜船型介绍

帆船是个背景雄厚，历史悠久的大家族。家族中的长辈可以追溯到五千多年前，而现在每一年都有新的小辈“出生”，船型丰富多样。按照不同的标准，衍生出不同的分类方法，这一节我们就来看看它们都有谁。

最早的帆船

大英博物馆收藏着一只出土于埃及纳加达地区的陶罐，在这只陶罐上你可以看到一条帆船，而这只陶罐则制作于公元前 3100 年。古埃及文明与尼罗河的航海文化息息相关，五千多年前的古埃及人最早发明出帆船也就自然不足为奇。

按稳定性能

稳向板型帆船

稳向板是一块从船体中间直插入水中的硬板子。它能阻止船在迎风航行时“横移打滑”，让你的帆船更好地逆风前进。人们把船上带有这样一块板子的帆船叫作稳向板型帆船。一般来说稳向板型帆船的体形都不会很大，适合近岸航行。

龙骨型帆船

在一些大的帆船底下，你可以看到船底悬挂着一块像拳头的重物，它叫作龙骨。龙骨不仅能防止帆船迎风前进时打滑，还能保持整个船体的中心始终在水面以下，所以龙骨船是不会翻覆的。世界上顶级的帆船赛事之一——沃尔沃环球帆船赛在 2017-2018 年使用的 Volvo Ocean 65 就是一种龙骨型帆船，它可以保证船只在极端恶劣的天气环境下还能安全航行。

1. 航海物语小解释

单体帆船

只有一个船体的帆船叫作单体帆船，比如全世界青少年帆船运动中最常见的 OP 级帆船就是典型的单体帆船。1947 年，Clark Mills 先生设计出这种专门适用于儿童操作的单体帆船。现在全世界超过 100 个国家的共计 1,500,000 名青少年正在使用 OP 级帆船学习、训练及娱乐。世界上将近 80% 的帆船爱好者，包括航海圈内大神们的第一条船都是 OP 级帆船。而如今国内的青少年航海俱乐部也几乎无一例外地使用 OP 帆船作为起步。

双体 / 三体帆船

再来举一反三一次，有两个 / 三个船体的帆船被人们称为双体 / 三体帆船。许多航海爱好者在选购一条属于自己的帆船时，都会认真考虑下双体帆船。这是为什么？因为两个船体连接而成的帆船休闲空间立马翻倍，谁都想拥有一条大一点的船，不是吗？除了休闲帆船，双体帆船在专业赛场上的表现也闪闪发光。在 2017 年 6 月，在英国的海外自治领地百慕大举办的第 35 届美洲杯帆船赛中，6 个顶尖赛队所使用的 ACC 帆船（America's Cup Class）就是拥有两个船体的双体帆船。

双桅 / 多桅帆船

那么举一反三，有两根 / 多根桅杆的帆船被人们称为双桅 / 多桅帆船。这样的帆船一般是外形优雅的仿古帆船，或者超大型现代帆船。“马耳他之鹰”号帆船是当代十分具有代表性的多桅帆船，3 根高达 58 米的桅杆矗立在 88 米的船身上，扬帆起航时气势雄伟非凡。

单桅帆船

我们把整条船只有一根桅杆的帆船称为单桅帆船，桅杆稳稳屹立在船体上支撑着受力的风帆。单桅帆船是中小型帆船中最常见的类型，现代的帆船赛事也大多使用单桅帆船。奥运会中常见的激光雷迪尔就是一种单桅帆船，我国选手徐莉佳女士在 2012 年伦敦奥运会中拿下了激光雷迪尔级的金牌。

第二章
航海理论大明白

帆船能逆风前进吗？

帆船比赛到底在倒腾什么？

……

掐指一算，今天就是为你答疑解惑的时间。

顺利通关本章，

你就能掌握帆船的基础航行原理，

能看明白一门美丽的语言：旗语，

还能知道帆船比赛原来是这么一回事。

那么，

就请你翻到下一页吧。

比赛现场大探秘

帆船运动也有比赛，当你学会驾驶帆船后，就可以去各地参加帆船赛“打怪升级”。帆船比赛和跑步一样需要起点线，裁判们会在海上用布条拉成一条起点线？No no no. 接下来我们就来看看帆船是怎样比赛的。

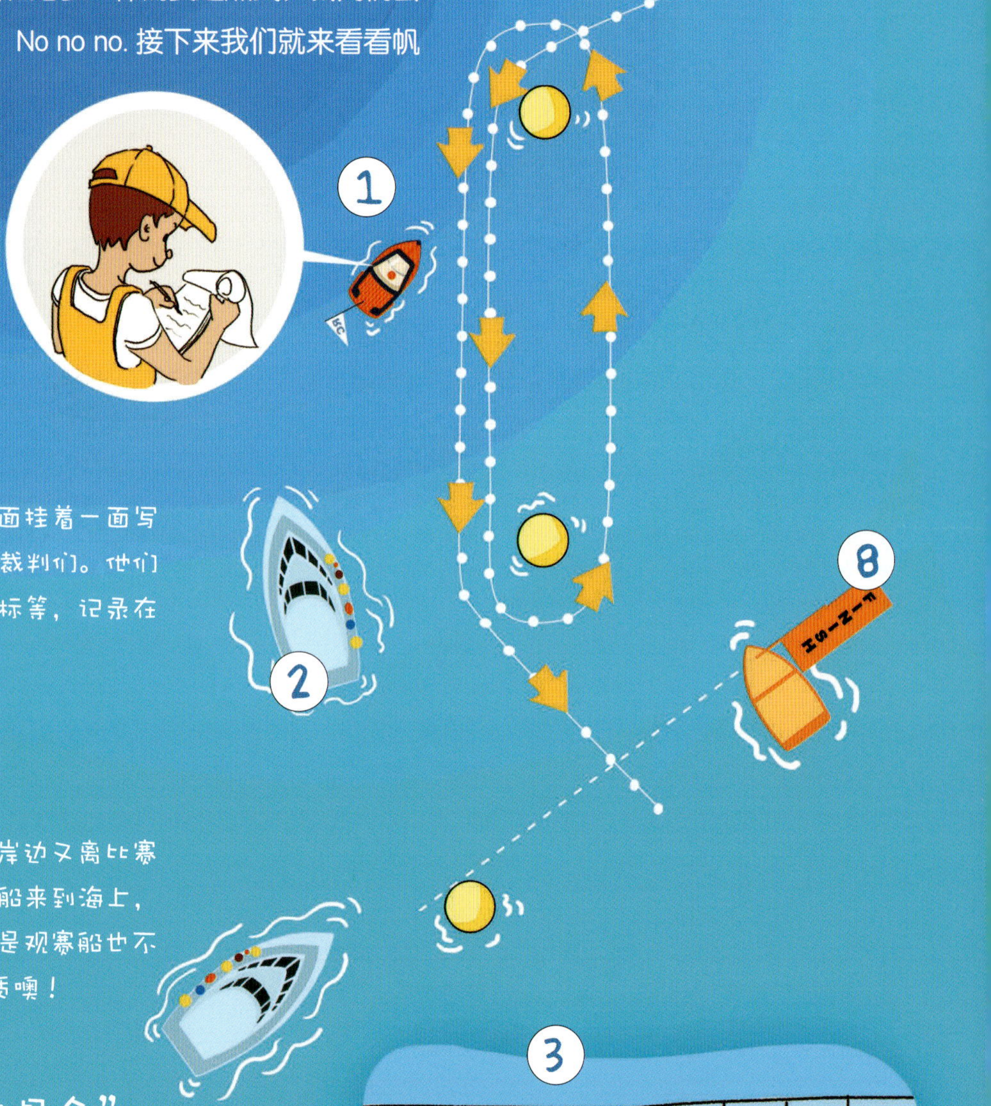

① 在标旁边的裁判

在浮球旁边有一条快艇，上面挂着一面写有“RC”的旗子，这是标旁边的裁判们。他们在这里，把谁先绕标、谁忘记绕标等，记录在纸上。

② 观赛船

海上没有观众席位，而站在岸边又离比赛场地太远，这时人们可以坐观赛船来到海上，嗑着瓜子做一名围观群众。即使是观赛船也不能太靠近比赛区域，这是基本素质噢！

③ 记分表——“少就是多”

在帆船比赛中，每一轮比赛的第一名得到1分，第二名2分……违反规则的船会得到“总船数+1”的分数，假如有10条船比赛，违规的船只就会得到11分。到比赛结束时，裁判会把大家各自的分数加起来，分数最少的是冠军。

3

组别	选手	帆号	第一轮	第二轮	第三轮	第四轮	总分	排名
OP级	教练君	4	1	2	2	1	6	1
OP级	小御	2	2	1	3	4	10	2
OP级	芋头	9	5	3	1	5	14	3
OP级	小A	15	3	4	5	2	14	4
OP级	小B	7	4	5	4	3	16	5

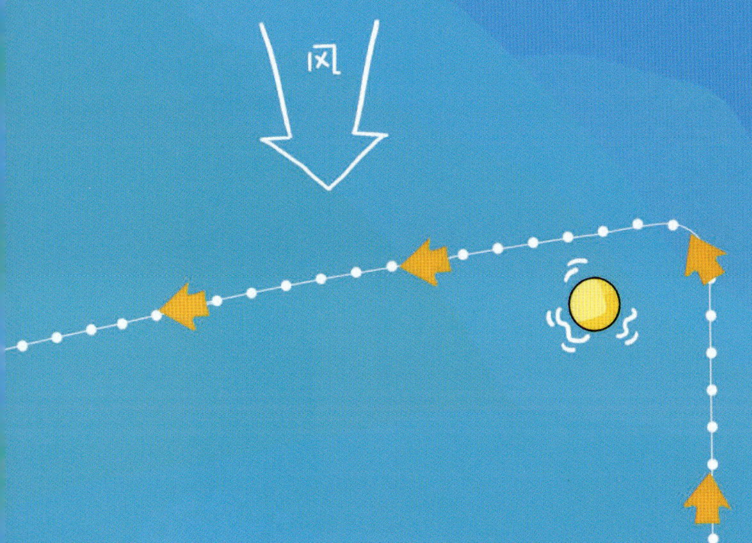

④ 帆船的“跑道”

裁判们在海上扔下几个浮球，我们管它们叫标。海上不像泳池里可以固定泳道，人们想出另外的方法来规定帆船的“跑道”——绕标。帆船们出发后，按照顺时针（有时也是逆时针）依次绕过裁判布下的浮标，最后冲刺终点线。

⑤ 主角

船长和水手们是一场帆船比赛的主角，大海就是他们的舞台。

⑥ 虚拟起航线

在操场上，我们用油漆画出一条起跑线；在海面上，油漆可不太管用。人们把一条船和一个浮球构成的连线，来作为帆船比赛的起点线。这是一条虚拟线，你永远摸不着它。起航时间一到，船才可以冲出起航线。

进阶小知识：具体来说，这条线是从浮球上先吹到风的那一面，到起点船上 START 旗旗杆的连线。

⑦ 起点船

你会看见这条船上有一面橙色、长方形、写有黑色“START”（起点）的旗子。这条决定起点线位置的船，被叫作起点船。同时在船上还有其他旗子以及裁判们。比赛前，所有人都会盯着这条船，它可以决定很多事情。

⑧ 旗子家族

比赛时的海面就像一个帆船的大派对，到处都是船，裁判们可不会在海上扯破喉咙喊。在帆船比赛中，我们用不同的旗子来告诉大家还有多久起航。

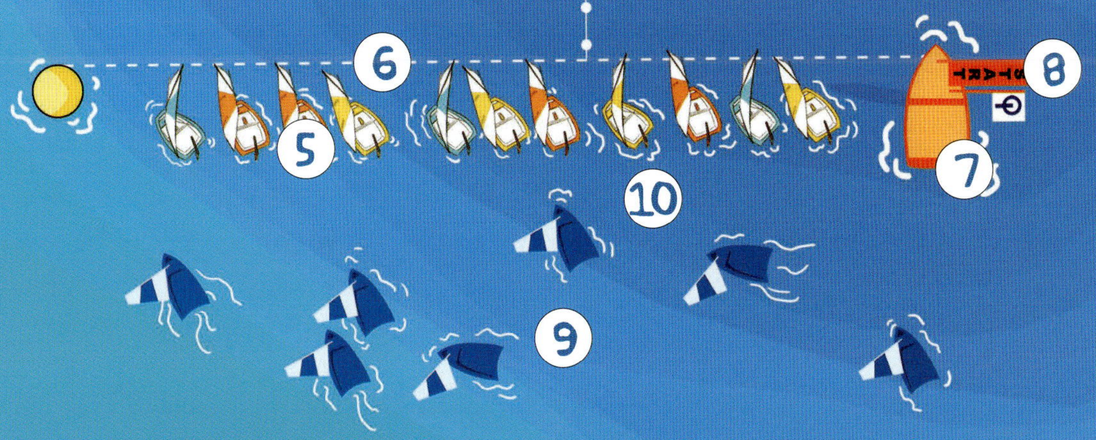

⑨ 等待席位

海面上有不止一个级别的帆船在比赛。当起航级别旗不是你的级别时，说明此时还没轮到你上场。这时你需要与起航线和它附近的区域保持一定的距离，把“舞台”交给主角。

⑩ 级别

帆船分为高等船和低等船吗？不是的。为了公平，裁判们会让同样型号的船在一起起航。倒计时 5 分钟时升起的级别旗，就代表 5 分钟之后是哪个级别的船只开始比赛。

海上的语言 | 旗语

说来，人们在海上用各式各样的旗子来沟通已有四百多年的历史，最先想到这个主意的是一名英国人。1805 年，英国舰队司令纳尔逊在一次海战中，利用不同的旗子作为自己舰队之间的信号，靠着简单高效的沟通获得了胜利。时至今日，即使我们有许多高科技的沟通方式，旗语还是靠着它简单、高效的优点依旧活跃在大海上，是丰富有趣的航海文化代言人之一。

那么国际上通用的海事信号旗有哪些呢？

字母旗（Alphabet Flags）

A－Z 共 26 面，每一面字母旗都有它特定的含义，可以单独悬挂使用。比如你看到有一条船上只挂 A 旗，它的意思是“我的船底有潜水员在工作，请与我保持距离，并低速通过”。

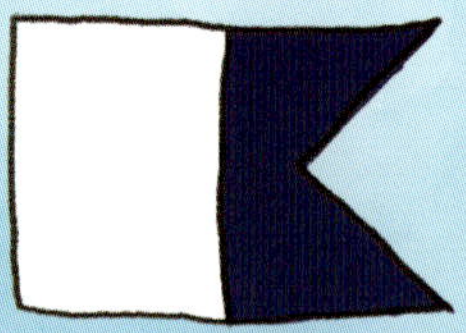

A

B

G

H

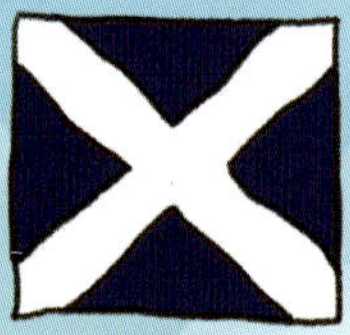

M

N

O

P

T

U

V

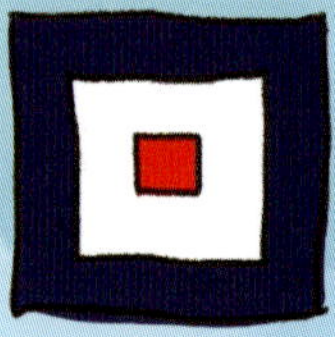

W

tips

把不同的字母旗组合起来悬挂，也能代表不同的含义。假如你看到一条船上悬挂着 AN 旗，这只船是在告诉周围的船只：“我需要一名医生。”大家注意到了吗？字母旗的形状都是长方形或者燕尾形。

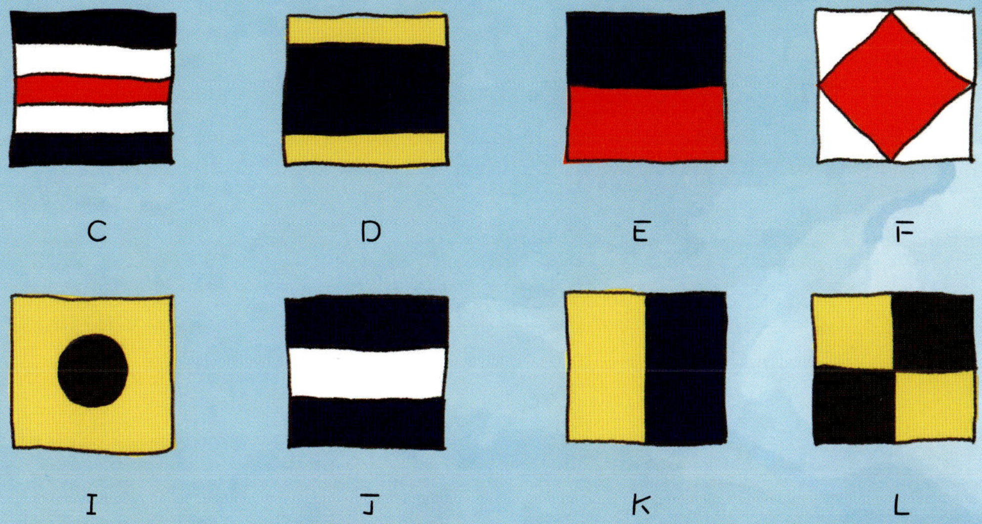

代用旗（Substitute Pennants）

在国际信号代码（International Code of Signals）中，代用旗共3面，形状是三角形。当字母旗、数字旗不够时，我们就用它来作替代使用。

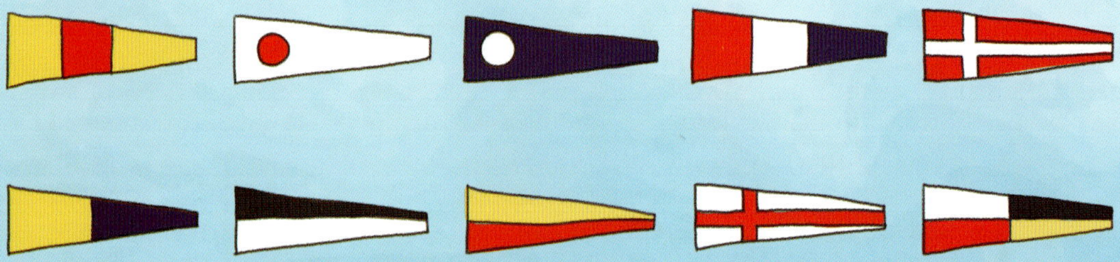

数字旗（Numeric Pennants）

从0到9一共10面；每一面旗顾名思义代表不同的数字。数字旗的形状都是梯形的。

回答旗（Answering Pennants）

我们只有一面回答旗，它是梯形的。这面旗子用来回答其他船只对我们提出的问题。

在帆船比赛中，人们也巧妙地运用一部分航海旗来作为起航信号。它们各自代表什么意思呢？

你看！起点船上只有一面AP旗。这说明比赛还没有开始。这就是等待时间，一会儿当AP旗降下时，会有一声喇叭'哔！'

'哔！'AP旗刚刚降下，这代表1分钟之后升起级别旗，也就是还有6分钟开始比赛。

'哔！'级别旗升起，这是倒计时5分钟的标志。

'哔！'P旗升起，离起航还有4分钟。

P旗也叫“Blue Peter”（蓝色的彼得），它实际上代表一种规则：要是有船提前冲出起航线，它必须在不影响其他船的条件下，乖乖调头回到起航线后面再重新起航。在倒计时4分钟时升起的，也有可能是其他旗子，它们代表不同的抢航处理办法。

'哔！'P旗降下，表示还有1分钟起航。

'哔！'级别旗降下，可以冲出起航线啦。走你！

有趣激烈的比赛中……

刚刚我第二名冲线，还不错嘻嘻。现在风变得很小，起点船上同时升起AP旗和A旗，这表示今天没有更多比赛，我们可以回码头上岸了。

降落伞和伯努利 | 风与帆的关系

帆船是怎么前进的？汽车靠汽油，龙舟靠划桨，帆船全靠风和帆。风有时从船的前面吹来，有时从左边、右边或者后面吹来。帆船上有一些杆子和绳子，上面挂着一张或几张像床单的布，这些“床单”就是我们说的帆。总的来说，风吹在“床单”上，“床单”就带着船往前跑。

五千多年前的古埃及人最早发明了帆船，那时候的“床单”比较简陋。风从船尾吹来，“床单”兜着风就像一只降落伞拖着帆船前进，所以船只能顺着风前进。在航海圈里，这叫顺风航行。这时我们需要把帆放出去，最好让它和船体形成 90 度的夹角。这样，“床单”能够像降落伞一样兜住更多的风，船才能跑得更快。由于在以前，帆船只能顺着风往前跑，我们才有“一帆风顺”等祝福旅途顺利的成语。

帆船迎风也能前进的秘诀

1726 年，年仅 26 岁的丹尼尔·伯努利发现了“边界层表面效应”，也就是被我们熟知的“伯努利效应”。这名瑞士小伙发现：流体速度加快时，流体的压强降低，反之压强会增加。乍一听似乎有些神秘，但其实很简单。这里有一个可以证明它的科学小实验：你不妨拿出两张擦嘴用的纸巾，两只手提着它们，之间隔一点空隙，并往中间吹气。你会发现两张纸巾不但没有被吹开，反而相互“拥抱”在一起。这正是因为空气是一种流体，吹气让空气跑动起来。奔跑的空气降低纸张之间的压强，纸张外侧具有正常压强的空气开始挤压纸张，促使它们“拥抱”在一起。

你观察过飞机的翅膀吗？飞机翅膀不完全是平的：它的下面是平面，上面向上弯曲像一座拱桥。空气在经过翅膀时被分成两半，一半走拱桥，一半走直路。为了在翅膀尾部相遇，经过拱桥的空气跑得更快，经过平面的空气跑得较慢，产生向上的力把飞机抬起来。帆船迎风航行和飞机起飞其实是同样的原理。我们的帆也一样，它并不是一块平展的布，而是有一定的弧度。在空气经过时，帆的外侧空气跑得更快，内侧跑得慢而产生向外的力。帆船就这样靠着“伯努利效应”迎风航行。

迎风航行小沙龙

帆船迎风航行时，我们需要做的是将帆收紧。不然帆就会像一面松散的旗子在空中拍打，帆船非但不会前进，还会被风吹倒退。

迎风航行秘诀一：你如果想要迎着风前行，帆就得收紧。

迎风航行秘诀二：船必须和风形成一定的角度。

tips 风是帆船的粮食，船有粮食才有前进的动力。一名好的船长会时刻警惕风的方向和大小，因为风和帆船有着密不可分的关系。

红灯停，绿灯行，黄灯也要等一等

基本比赛规则

据说，我们国家最早的交通规则始于宋代。在那时候的主干道旁边都会立着一块大石头，上面写着：“贱避贵、少避长、轻避重、去避来”，用来告示来往的马车要怎样遵循行驶规则。现在不光是在马路上要遵守交通规则，当你驾驶帆船在海上航行时也需要遵守航行规则。

众所周知，每个国家的交通规则都不太一样：比如在我们国家车辆靠右行驶，但有的地方比如泰国和新西兰等，他们那里车辆就都是靠左行驶。但帆船航行规则是全球统一的，它出自于国际帆船协会（World Sailing)。国际帆船协会每四年会更新和修正一些规则，并出版新的航行规则书。这一整本厚厚的规则书，里面的规则和知识够你学习研究好多年。在这里我们来看看每个航海人都应该知道的三条基本航行规则。

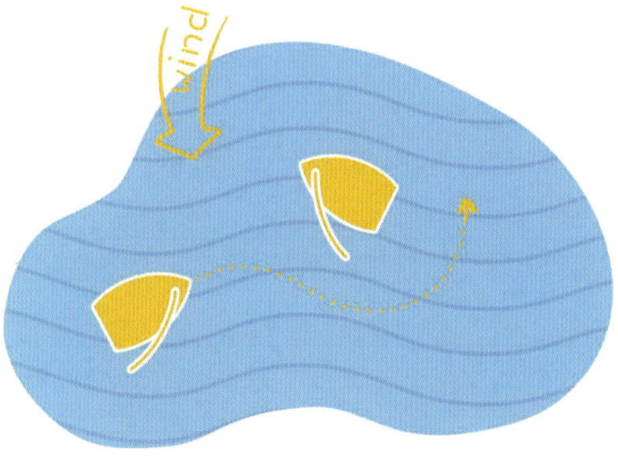

左让右

帆船在航行时你坐在船上朝前看：风从船的左边吹来，这时的船只叫作“左舷船”，反之叫作“右舷船”。当左舷船和右舷船在海上相遇时，左舷船必须想方设法让右舷船先行通过，不得干扰右舷船航行。因为右舷船可以优先通过，我们称它具有“航行权”。

假如你是拥有航行权的右舷船，在海面上遇到左舷船接近时，要向对方大声呼喊“starboard！”来提醒左舷船只给你让路才行。

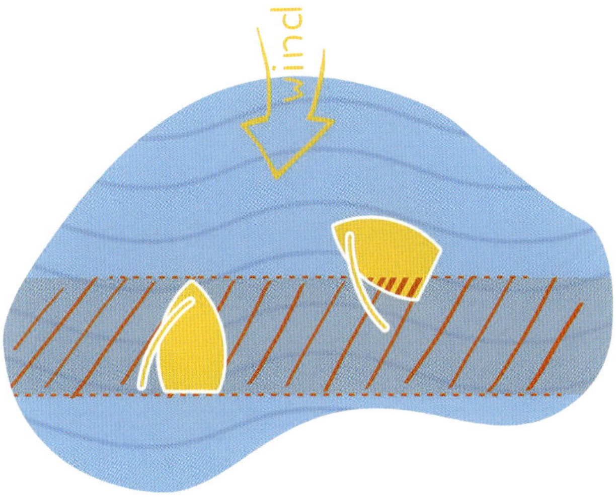

上让下

在搞懂“上让下”是什么意思之前，你先要知道什么是“相连”。为了方便理解，我们先把帆船A想象成一只左右移动的橡皮擦，当帆船B出现在A的清理区域时，他们就是相连的。

当两条船相连，并且风从它们同一边吹来时，我们把先受到风的一条叫“上风船”，后一条叫“下风船”。这时上风船要避让下风船，也就是说下风船具有航行权。

后让前

在帆船运动中，从后面追上来的船要避让前面的船只。这就和开车不能追尾一样，一旦发生追尾事故，后方船只可要负全责噢！

tips 帆船是一项绅士运动，在大海上没有监控和交警来监督你是否乖乖遵守航行规则，自觉遵守航行规则是每一名水手需要具备的基本素质。而在帆船比赛中，违反航行规则的船只将会接受判罚或仲裁处理，这会对比赛成绩造成严重影响噢！

第三章

航海技术须熟练

Mind and hand.

“既要动脑，也要动手。”

这是美国麻省理工学院的校训。

当我们来到海边，面对面站在一条帆船面前，

这时要做什么？

你要从组装帆船开始学起，

练习如何驾驶一条小帆船，

完成横风航行、迎风换舷等一系列动作。

就像一场海上游戏通关真人秀，

相信你一定能顺利通过所有关卡。

Let's do it ！

比搭积木难一点点 | 组装帆船

小帆船就像乐高积木，组装它是很有意思的一件事。对于小帆船来说，它们在岸上都有自己的“停车位”。每次出海之前你都需要给它们“穿衣整顿”，这样它们才能整装待发，与你在大海上乘风破浪。组装帆船并不难，只要你多练习几次便会熟能生巧。

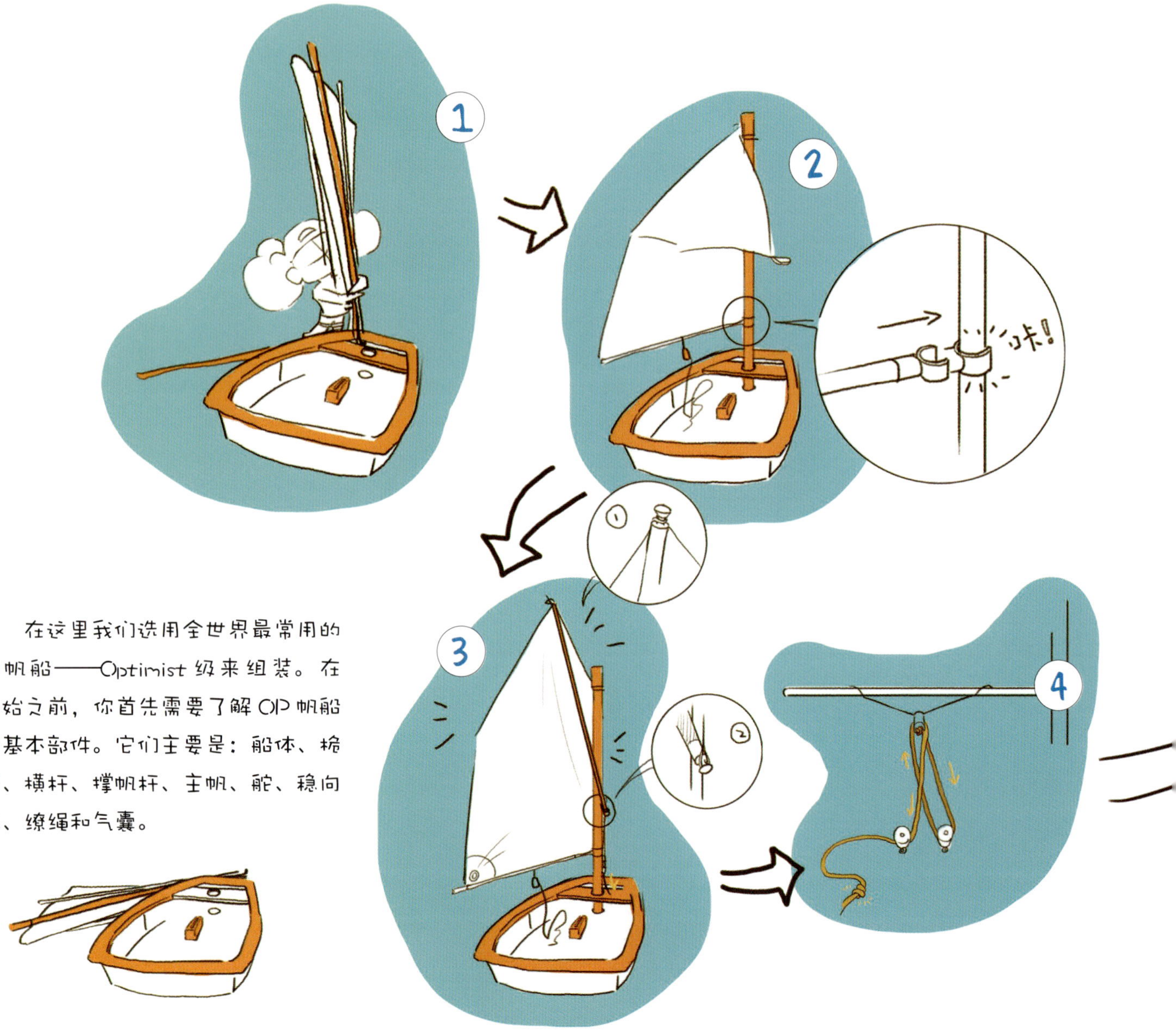

在这里我们选用全世界最常用的小帆船——Optimist 级来组装。在开始之前，你首先需要了解 OP 帆船的基本部件。它们主要是：船体、桅杆、横杆、撑帆杆、主帆、舵、稳向板、缭绳和气囊。

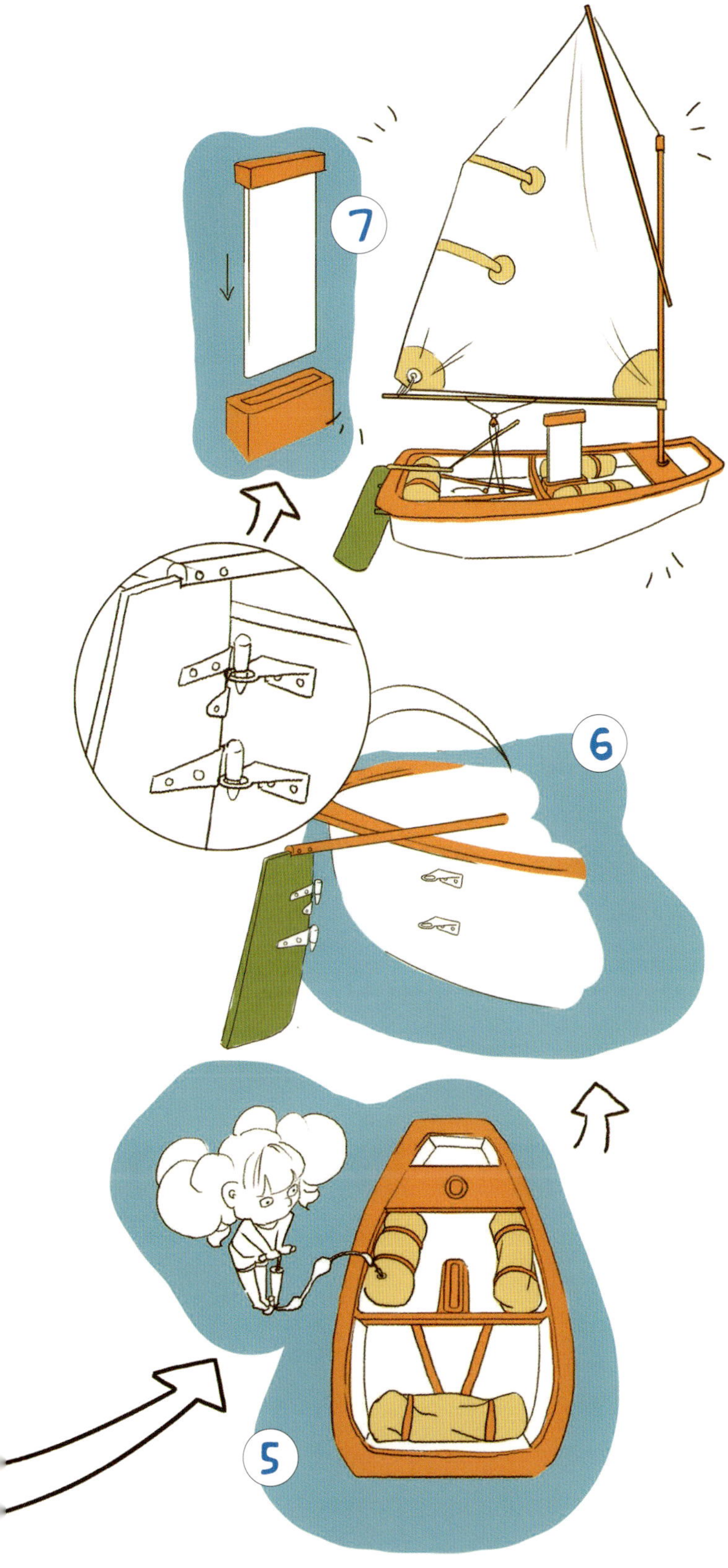

一般来说，在组装之前，主帆、桅杆和横杆已经被固定在一起，而其他部件都是单独被放置。那么接下来就是考验动手能力的时候：

① 发挥出你大力水手的潜力，把连接着主帆和横杆的桅杆抱起来，将底部插入船头的桅杆孔里；

② 把横杆和桅杆连接起来，在横杆最前面有一个小“把手”，让它握住桅杆；

③ 拿出撑帆杆，这是一根两头各有一颗小球的细长的金属棍子。找到它光滑的一头，穿进主帆顶部的小孔里，另一头穿进桅杆中部一个绳孔里，然后拉紧桅杆下部此绳的另一端，来固定好撑帆杆；

④ 拿出缭绳，从横杆下方滑轮开始，再穿过船体内滑轮，向上又穿过横杆下方滑轮，再向下穿过船体内滑轮，最后在绳子尾部打8字结；

⑤ 把3只气囊放在船体内侧绑带内，并给它们充气；

⑥ 舵叶的前侧有上下两颗小钉子，把它们同时安装进船尾外部的上下两个小孔里；

⑦ 找到船体中间的稳向板槽，插入稳向板。

在海上，这艘小小的帆船就是你最重要的伙伴，它是你“有灵性的坐骑”。每次组装和拆卸时，你都要耐着性子，仔细地对待它。就像家里的宠物需要定期洗澡一样，帆船每次上岸后都需要用淡水进行冲洗，这是因为海里的盐水会加速器材的老化。再等它们在阴凉通风处自然风干后，拆卸下来整理好放进室内保存，等待下一次使用。只有这样，它才能陪伴你度过更长、更美好的岁月。

tips 组装结束就可以直接下水了吗？还不能。由于上一次使用后的冲洗，有的船体内还保存着一些淡水。你可不想让这些水陪着你到海上吧？它们会降低你的船速。所以出海前记得给船体排水噢！

点火和熄火 | 进出港

你知道小帆船平时都停在岸上，“睡”在自己的小推车里。它从陆地到海上它还需要一个下水的过程，而帆船又比较娇气，不能直直地被扔进海里，它们需要使用自己专用的下水坡道。这一节我们就来看一看小帆船应该怎样上下坡道。

下水技巧

● 在组装好船只和做好检查工作后，你就可以开始准备船只的下水工作了。在这里要注意的是，我们并不在岸上安装稳向板和舵，因为它们会与地面发生摩擦，从而受损。

● 由于下水坡道有一定坡度，加上沾水的地面比较湿滑，你需要握住推车的把手，面朝大海匀速地把船运到水边。

● 船和推车都要推到水里，这样你才能借用水的浮力把船从推车上卸下来。稳船技巧：你最好站在靠近船头的地方拉住船头，让船头对着风向，这样就能轻松掌控整条船。

● 当小推车安放好之后，尽量把船拉到你能接受的水深，你就可以把稳向板适当地放进稳向板槽里，增加一点船只的稳定性。

驶离岸边

● 离岸风

当风从岸上吹向海面时，船顺着风驶离岸边是比较简单的过程。上船后装好舵，把稳向板完全放进稳向板槽，顺风航行驶离岸边。

● 近岸风

当风从海上吹回陆地时，要驶离岸边会相对困难一点。你需要一气呵成地把船往外推、上船、迅速安装好舵和稳向板，然后进行横风或迎风航行。在最开始的训练中，这也许会有点困难，你可以呼叫你的朋友或者教练帮你推船。

● 横风

当风沿着水线吹来时，驶离岸边并不会很复杂。上船后装好舵，把稳向板完全放进稳向板槽，横风航行驶离岸边。

返航上岸

● 离岸风

要迎风靠岸会比较困难，你需要多做几次迎风换舷。在有足够的速度靠近岸边时，再拔出稳向板，把舵叶抬起来或拆下来。当船进入坡道后，跳进水里扶住船头。利用水的浮力，把船拉上小推车，固定好之后拉上坡道。

● 近岸风

近岸风需要你顺风停靠坡道，这时船速容易过快而发生碰撞。你要提前把稳向板往上提一些，如果风比较大的话提前把帆拆下来，用手拿住帆兜着风靠岸。有足够速度时，把帆全部放掉，再拔出稳向板，把舵叶抬起来或拆下来，慢速、平稳地靠岸。最后用小推车把船拉上坡道。

● 横风

横风靠岸并不困难，当船速足够进入坡道时，拔出稳向板，把舵叶抬起来或拆下来。等到水深足够你踩到地时，跳进水里扶住船头，最后用小推车把船拉上坡道。

tips

无论是出海还是返回码头，下水坡道时常会比较拥挤。这时候要是所有人挤在一起，难免会发生碰撞。不如先别着急去争抢。下坡道时帮你前面的小伙伴拉一拉推车；上岸前等待坡道有足够的空间再靠近。码头井然有序，谁都开心！

船前行，风从侧面吹来 | 横风航行

横风，就是风从船的侧面吹来。假如你是第一次来到海上学习帆船，横风航行训练将是你适应船只和大海的好机会。

姿势不仅要帅，还要正确

帆船是一项身体和头脑并用的运动，合理的姿势不单单会让你看起来更专业，更是可以时刻协助你操控船只。

- 身体朝向船内，坐在帆对面的船舷上；
- 头转向船头方向，眼睛注视前方；
- 至少一只脚钩住脚蹬带；
- 靠近船尾的手握住副舵柄，放在身前；
- 另一只手握住主帆缭绳。

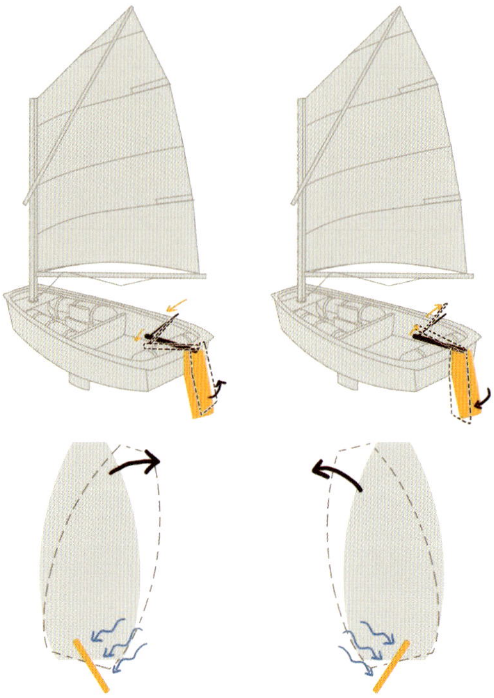

试试你的舵

在海上，你就是船长。小帆船上的舵是这样操作的：把舵从中间推向左边，船头会向右转；把舵从中间推向右边，船头会向左转。当你要走直线时，把舵放回船体的中间并且固定住。在海上多练习几次就能习惯并熟练，这都不是事儿。

帆的收放

横风航行很简单，只需要让帆不“发抖”即可。假如帆在不停地拍打，就收紧一些主帆缭绳直到它不“发抖”。

悄悄告诉你怎样高效地收紧绳子：收回一段绳子后，把它交到控舵的手中暂时固定住，这时另一只手再伸出去继续收绳子，控舵的手就可以放开绳子了。

把船停下来

就像停车对驾车的重要性一样，停船也是必须掌握的技能。将帆放松，推舵直到主帆抖动时，将舵回正。这时船只处于滞留区内，船速就会降下来。当你在海上想停下来喝口水，或是看看风景，这招就能用上啦。

稳向板

在横风航行中，我们不需要稳向板全部在水里，所以你可以将它适当提上来一些。幅度要根据自己对平衡的把握，少提一点稳向板，船只航行会更稳定。

逆风航行的关键动作 | 迎风换舷

“换舷”这个术语是什么意思，你还记得吗？在航海理论中我们曾讲到：当风从船的左边吹来时，此船是左舷船；当风从船的右边吹来时，此船是右舷船。当你操作船只转变方向时，你的船就从左舷船换成右舷船，或者从右舷船换成左舷船。即从一舷换到另一舷，简称换舷。

迎风换舷是帆船运动中基本、重要的一项技能。你知道当风从船的正前方吹来时，船只无法前进。于是我们靠着“Z”字形路线左跑跑右跑跑，曲折接近前方目的地。“Z”字形路线的每一个拐角处，都是船只航向发生变化的位置。在航海圈里，水手们把这叫作迎风换舷（Tacking）。

保证一定的船速，四处张望看看海上有没有其他船只或者渔网阻挡

推舵，让船头调转方向

tips

若是需要两人驾驶的小帆船，缭手和舵手之间的沟通交流至关重要。假如你是舵手：在开始迎风换舷之前，你必须大声询问你的缭手：“准备好迎风换舷了吗？”，等他（她）做好准备后再开始换舷。假如你是缭手：在听到舵手的指令之后先观察海面障碍物，大声回答舵手“准备好了！”。当船只开始转向后低头注意横杆，前帆开始“发抖”时，把原来收紧的前帆缭绳放掉，收紧另一侧前帆缭绳并固定。始终面朝船头，坐到船只另一侧。

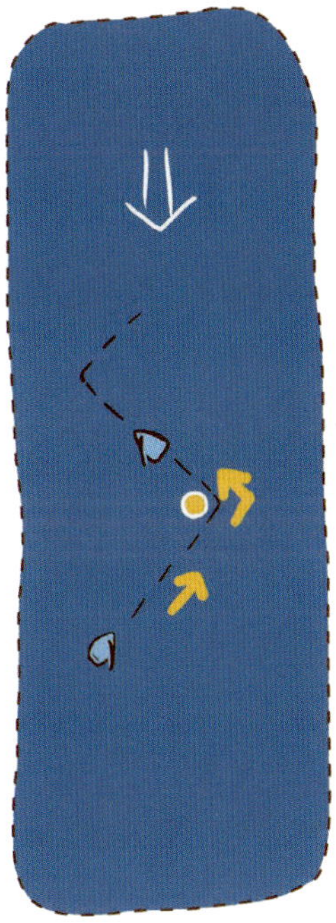

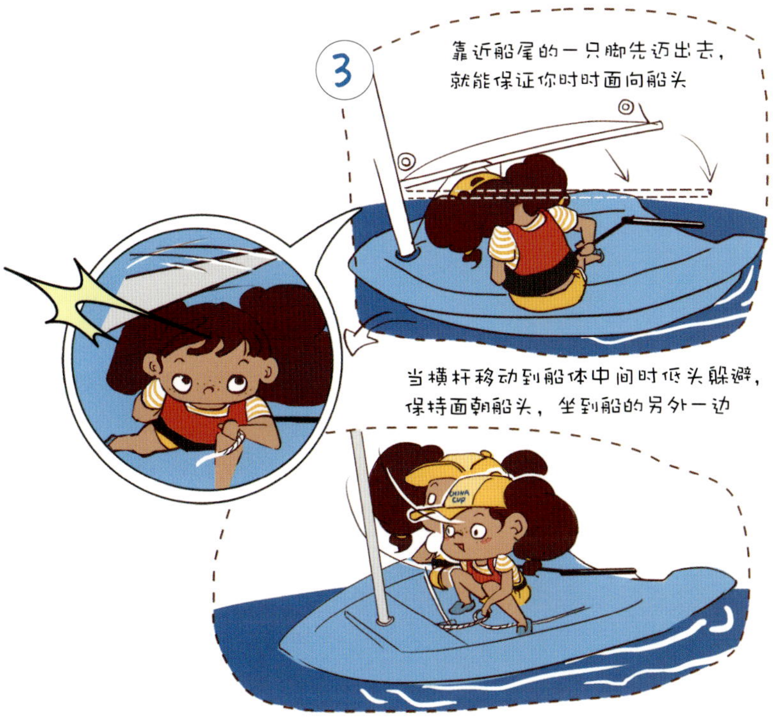

保证船速

在整个迎风换舷过程中，风一直从船前方吹来。由于船头转变方向，风只是从左前方跑到右前方，或者是从右前方跑到左前方。当风从靠近船头或正船头的方向吹来时，帆并不起作用，这时船会减速。而你要注意的是，你手上的舵只在帆船移动时才能产生效果。就像骑自行车时，假如自行车停在原地，无论你再怎样转动把手它也不会转向。所以在换舷之前要确认你的帆船有一定的航行速度。

迎着风，向前 | 迎风航行

帆船是无法正对着风向前航行的。你还记得在“风与帆的关系”中那幅航行角度图吗？没错，帆船虽然能够逆着风前进，前提是你的航行方向必须和风形成一定角度。

帆的控制

迎风航行时，你需要通过收紧缭绳来收紧主帆，直到横杆的尾部到达船体的后角。在横风航行中，你学到的如何快速地收紧绳子，这在迎风航行中也同样适用。

压舷

保持小帆船的平衡十分重要。在帆船运动中，我们经常需要把自己当成“沙包”来把船压平，这叫压舷。压舷时，双脚钩住脚蹬带，在保持舵和帆稳定的前提下往船外后仰。如果风变大，你后仰得越多，船速就会越快。但每个人的身体柔韧度与协调度不一样，在压舷的幅度上你要根据自身的情况量力而行。另外，压舷是为了平衡船体，你需要时刻调整身体向后倾斜的幅度：船几乎没有倾斜时，控制住压舷幅度；船产生一定倾斜幅度时，就相应地增加压舷幅度。

稳向板

在迎风航行中，我们需要将稳向板全部插入水中。否则的话，你的船只多多少少会在海面上“横着走”，而不是向前航行。

tips

划重点：航行方向

假如你的主帆已经收紧，但是却还在“发抖”，并且你感受到风从船头方向吹来，这就说明你的航行方向在“无法航行区”内。这时风与船之间的角度太小，导致风不能在帆上“施展它的功力”，船只缺少前进动力。那么如何将船驶出“无法航行区”呢？你要做的是拉舵，同时眼睛盯着帆，直到帆刚好停止抖动时把舵回正。这时候船只就可以顺利航行。

但是，风向有时会发生变化。当主帆上出现“气泡”就说明船只进入“无法航行区”，你也需要拉舵，直到“气泡”刚好消失时，回正舵保持航向。

“魔鬼”区域 | 无法航行区

你还有印象吗？在“迎风航行”中，我们都提到过帆船航行中的一个无法航行区，那就是“魔鬼”区域。这一节里我们就来具体讲讲这个“魔鬼”区域的秘密。

什么是无法航行区？

帆船可以迎风航行，却不能正对着风来的方向前进。这是因为如果你的船头正对着风来的方向，帆会像一面旗子一样在空中拍打，并不能使帆船前行。在迎风航行中，船前进的方向和风真实来的方向大约会有45度夹角。具备这个航行角度后，收紧帆的帆船才能顺利地迎风前进。

而当航行角度过小时，你的船只就处于无法航行区中。

怎样判断我是否在无法航行区？

你知道吗？帆船的帆不是如同一张白纸一样的平面，它在受到适当的风之后会呈现出一定的立体弧度。而当你处于无法航行区之内，风不会乖乖经过帆，而会使得帆上出现一些“气泡”甚至整面帆像旗子一样飘动；同时你还能感觉到风几乎是从你的船头正前方吹来。那么这时候，糟糕！你就落入“魔鬼”区域中了。

怎样驶离无法航行区？

在你发现自己驶入无法航行区域之后，你需要尽快调整船的方向。如果你能及时发现，此时船只还有前进的速度，只是由于缺乏动力会慢慢减速，这时你需要拉舵，增加航行角度，从而驶离无法航行区。

tips 这时你也要注意：不能一直拉舵。当你发现帆上的“气泡”已经消失，也就是它呈现饱满、稳定的立体弧度时，你需要将舵推回正中间，这样你就能继续迎风航行。同时想要迎风航行，保证一定的航行角度以外，切记帆要收紧才行。

顺着风被吹走 | 顺风航行

航行方向：正顺风（running）

当风刚好从正船尾吹来时，我们把这时的航行方向叫作正顺，就是正正当当顺着风前进。这时你可以把帆放到和船体形成 90 度夹角。但一旦风向摆动，就有可能把主帆“唰”一下子吹到船的另一边。由于一直有风吹在主帆上，它移动的速度也会较快，再加上你还没有做好准备，这一系列可能性都容易导致船体失去平衡。因此，在你刚开始接触帆船时，我们并不建议你行驶正顺的角度。

平衡

前后平衡：在小风天时，尽量往前坐以免船尾栽在水里；在大风天里，你需要坐在船体的中间靠后的位置。

左右平衡：稍微压舷让船只朝你坐的方向略微倾斜，船更容易保持直线航行。

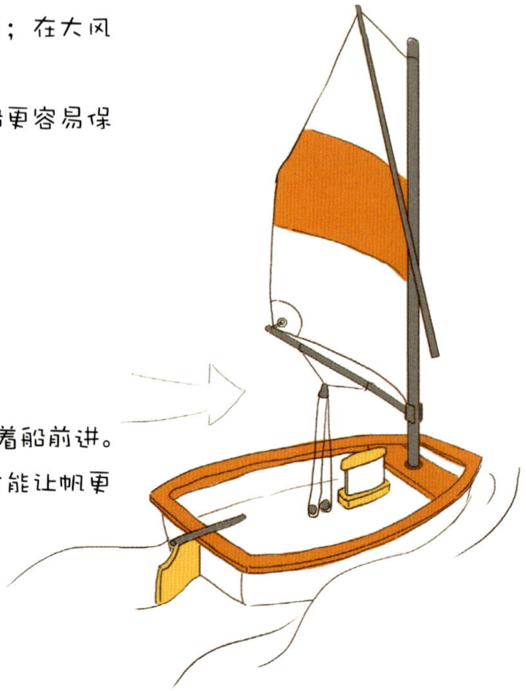

帆的控制

在顺风航行中：风推着帆，帆就像一把降落伞，兜风带着船前进。我们要把主帆缭绳放出，让帆和船形成较大的夹角，这样才能让帆更好地兜风。

航行方向：侧顺风（broad reach）

当我们驾驶着帆船在侧顺方向时，风从船体的左后方或者右后方吹来。而90度的夹角对于侧顺风来说偏大，你可以将主帆收回一点，让它保持不抖动即可。侧顺风航行时，不容易发生意外的顺风换舷，所以相对正顺风来说更加稳定；另外，一般来说行驶在侧顺角度的船只，船速比正顺要快一些。

控制舵

尽量少动舵，让船只稳定地前进。同时，也要注意避免帆船在你意料之外发生顺风换舷。

稳向板

顺风航行时，我们把稳向板适当地抬起来一些，这样可以减少它在水里捣乱产生的阻力。但另一方面，根据船底形状的不同，我们又需要一点稳向板来增加船只的稳定性。

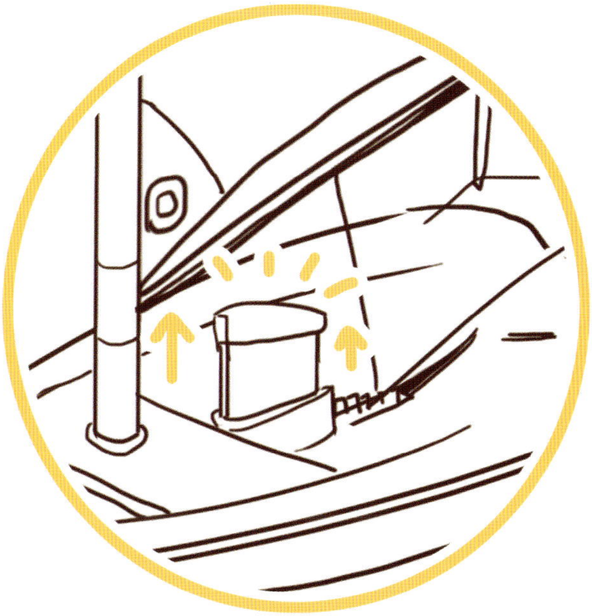

顺风航行的关键动作 | 顺风换舷

在顺风换舷的过程中，风从船的一舷，经过船尾换到另一舷。

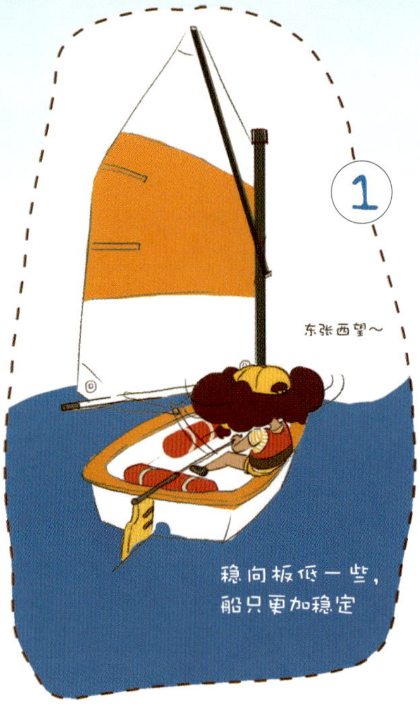

做好顺风换舷准备，四处张望排查障碍物，把主帆缭绳收回来。

放低稳向板，坐到船体中间。

平稳、匀速地拉舵、低头，另一只手拽住缭绳把主帆慢慢带到另一边。

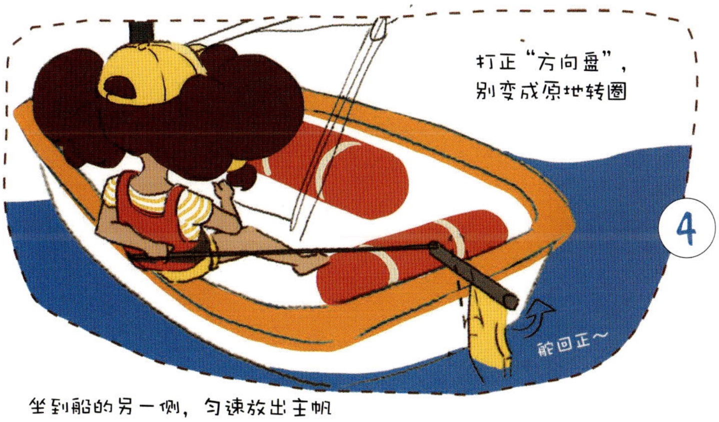

坐到船的另一侧，匀速放出主帆缭绳，将舵推回船体正中央，保持航行方向。

在身后交换舵和主帆缭绳。

抬起稳向板，继续前行。

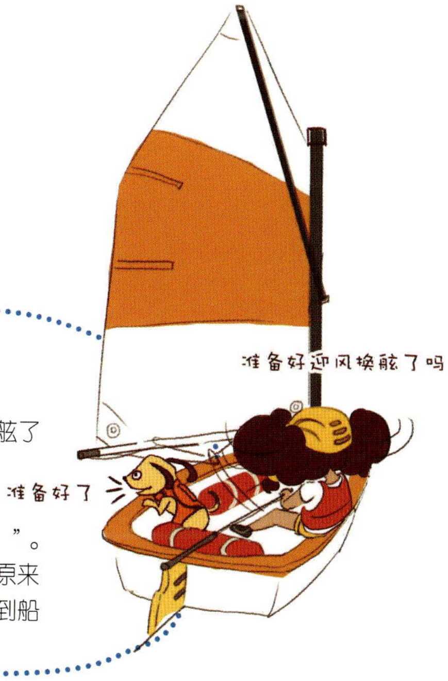

tips

对于双人小帆船，相互沟通和两个人的平衡都是关键。

假如你是舵手：在开始顺风换舷之前，你必须大声询问你的缭手：“准备好顺风换舷了吗？”，等他（她）做好准备后再开始换舷。

假如你是缭手：在听到舵手的指令之后先观察海面障碍物，大声回答舵手“准备好了！”。当船只开始转向后低头注意横杆，前帆会先于主帆，被风吹到另一侧，这时你要把原来前帆缭绳放掉，把前帆的后角拉到另一侧固定即可，不用拉紧。始终面朝船头，坐到船只另一侧。

帆船与翻船的故事 | 覆舟正船

对于小帆船来说，翻船是一件很正常的事情。假如你从来没有翻过船，那只能说你还太嫩了。我们会在基础训练中故意让船翻覆，你可以借此机会练习如何把船翻回来，也就是覆舟正船。在比赛中，也许没人想要翻船。但是即便如此，覆舟正船也是每个小水手必备的技能。

基础版覆舟正船技法

进阶版不沾水技法

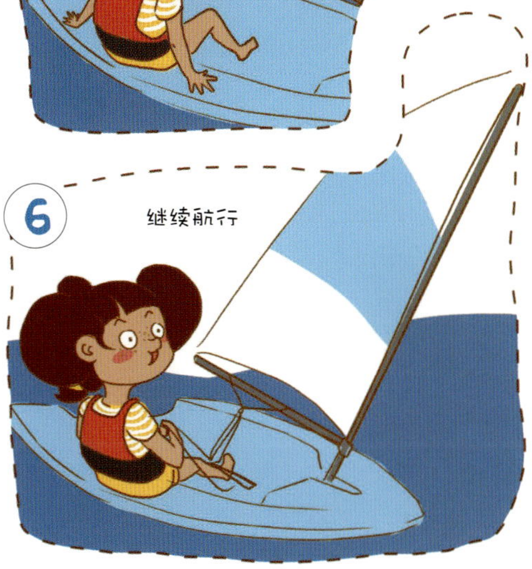

人船不分离

船只翻覆后，这是首要原则。在大海上，船是你的坐骑，也是你最好的朋友。落入水中后，你要第一时间浮出水面，并抓住船只。要抓紧时机，别让它随着水流漂走，那可不是一件好事情。

了解自己的感受

每个人的情况不尽相同。有的小朋友，做一次覆舟正船训练都会感到十分疲惫；有的小朋友可以连续进行好几次训练。但这没有关系，如果你在一次覆舟正船后觉得很冷或者实在很累，那就及时告诉你周边的教练。

tips

做好心理准备

在初级阶段，覆舟正船是一项训练。会有教练在一旁帮助你，保障你的安全。但是即便如此，我们也要提前告诉你接下来会发生什么：

- 你可能会在水里“洗澡”，只要穿好救生衣，就没什么可担心的；
- 夏天在水里倒是凉快，但冬天你也许会冷，所以要根据天气提前准备好合适的衣物；
- 经过几次覆舟正船训练后你也许会有些疲惫，但教练就在你身边，有需要可以求助。

一只爱干净的帆船｜船只保养

船和人一样需要定期“洗澡”，这就是对船只的保养工作。停在泊位里的大帆船需要定期回到岸上进行全面的保养；而对于每天都“睡”在岸上的小帆船来说，保养工作是怎样进行的呢？

船体部分

出过海的小水手们都知道，小帆船每次上岸后都要用淡水进行冲洗。由于海水容易使金属生锈，在冲洗过程中要着重冲洗带有金属材料的器械，比如滑轮、卸扣等。同时，你也不能忽略船体里的海水以及其他杂物。将船只冲洗干净，待到自然风干后放入室内仓库或为它“穿好”防尘套。

帆具部分

帆是船上比较“娇气”的器材，需要小水手们更加细心地爱护。在每次使用后，若帆具接触过海水，也需要用淡水进行冲洗。帆具容易老化，整理帆具时建议避免折叠、与地面摩擦等加速帆具老化的行为。同样的，待到自然风干后将帆具装入帆套，放入室内保存。

索具部分

绳子也要保养？没错，绳子在长期接触海水后会变得僵硬，同时船上横七竖八的绳子也需要整理。对于索具的保养，除了日常的淡水冲洗以外，你还可以用淡水泡一泡这些绳子。

为什么要保养船只？

当你驾驶一只小帆船航行在海上时，这条船就是你唯一可以信任的伙伴。而例行的船只保养对于帆船来说，就像我们的一日三餐必不可少。你要相信，船只若能得到良好的保养，它会更长久地陪伴你度过海上的时光。

第四章
航海安全记心间

“注意安全！”

这句话是不是让你耳朵快要起茧了？

你受过伤吗？被开水烫到，或者下楼梯摔伤过胳膊吗？

比你自己更痛更担心的，是爱你的人。

他们宁愿自己受伤，也希望你完好无损。

那么，为了不让他们担心，更要对自己负责，

有一句很重要的话需要你记住：

注意安全。

一件帅气的夹克 | 救生衣

敲黑板！安全问题不可小觑。总的来说，救生衣是个人浮力装置（Personal Flotation Device）中的一种。个人浮力装置是用来让人们浮在水面上的一系列装置，最常见的有救生圈和救生衣等。救生衣的原型来源于两百多年前的挪威水手，他们用木块或者软木块拼成一件“夹克”，因为木头和软木的密度比水小，这件简单的“夹克”就是最初的救生衣。

这件夹克发展到今天，无论是材质、形状，还是功能性都升级到了高级版本。但始终没有发生变化的是设计它的初衷：帮助人体在水中上浮。不管你是“旱鸭子”，还是学校游泳队的游泳健将，在小帆船运动中，你都必须穿好合适的救生衣。没错，即使是会游泳的你在准备出海前也必须乖乖穿上救生衣。这是因为救生衣能帮助你在水中轻松地浮起来，你才有更多体力在水中完成其他任务，比如覆舟正船。

正确穿戴救生衣

● 首先，这件夹克针对不同的身板，有不同的尺码。你得根据自己的身板大小挑选出合适的尺码。

● 分清正反，像穿衣服一样穿在身上，然后拉好拉链。如果救生衣上有扣子，把扣子也依次扣好。

● 调整好救生衣的松紧度，完成！

tips 和衣柜里的其他夹克一样，救生衣也需要定期清洗和养护才能拥有更长的“寿命”。每次出海后都要用淡水清洗，在阴凉处自然风干，最后将其整齐地放在室内。

人体内最重要的成分 | 淡水

不管是在家里还是在学校，老师和父母总是会提醒你这样三个字：“多喝水”。同样的话听太多次可能会让你不耐烦，那么今天我们不妨来看一看水对你的身体到底会产生怎样的魔力。

首先，水大约占你体重的 60% 到 70%。也就是说，假如你现在 40 公斤，那么你体内的水就大约有 24 公斤到 28 公斤。而这些水分并不是我们身体里的“永久性居民”，它们住上一段时间就会离开。因此我们每天都必须喝水，来补充一定的水分。成人每天需要 2.5 公斤水，而儿童比成人需要的水更多。

任何身体内部器官的工作都需要水的存在。首先，你吃下的食物需要在水的帮助下才能被身体所吸收；接着，你每一次吸入体内的氧气也需要在水的传输下进入你的细胞；同时，水又像运输工，帮助你把身体里的毒素排出体外……

假如你连续几天都不喝水，或者在户外狂流汗却忘记及时补充水分，你首先会感觉到口渴。“渴”就是身体给你发出的信号，表示身体已经迫切需要补充水分。假如这时你还没有及时补充水分，身体就可能出现“脱水”现象，轻者会头晕乏力，严重的会休克甚至昏迷。

这也就是为什么人们把水称作生命之源。

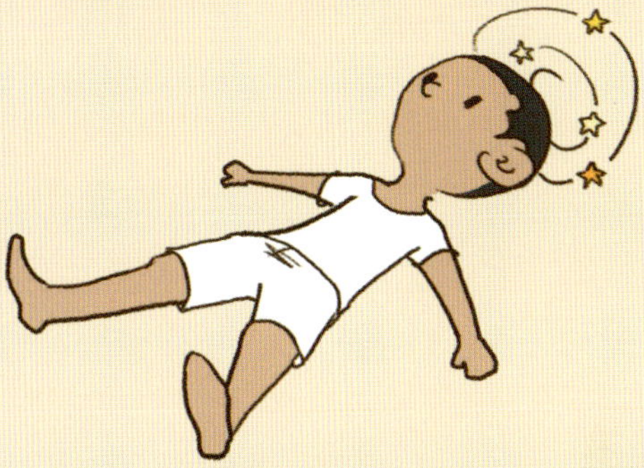

当你在海上驾驶帆船时，可能会产生这样一个疑问：海水也是水，可以喝吗？还真不能。首先，海水是咸水，尝起来就跟盐罐子撒了一样。当这么多的盐分随着海水进入你的身体，它们不但不能补充水分，反倒会吸收体内原本的水分。所以切记，喝海水只会让你越来越渴，得不偿失。

所以呢，在出海之前我们提醒你自己准备一个水瓶，装上所需要的淡水。帆船运动不像陆地上的运动，海上可没有小卖部让你随时随地就能买到一些清凉解暑的饮料。一旦帆船出海后，你所能使用的资源就全靠你带出来的东西，没有多余。而且补充水分讲究“少量多次”，也就是说每一次你只喝一小口，但是每隔一阵就得再喝。

和船待在一起 | 人船不分离

在覆舟正船技术篇里，我们提到过一项原则：在船只翻覆后，你要以最快速度抓住船只，以保证人船不分离。这听起来似乎是基本常识，却是需要多次敲黑板记住的重点。

海上和陆地不同，在海上没有公交车，也没有行人能够随时借电话给你救急。在海上，你只有一条船。船就是一名水手的所有保障，它是交通工具，更是你最值得信任的忠实的朋友。所以我们要求小水手们在任何情况下都不能离开自己的船只。

一般来说，在航行中你都是乖乖待在船上的。除非你想故意跳进海里游泳，一般来说只有当船只翻覆时，人和船才会有短暂的分离。对于小帆船来说，船只翻覆是常见的一件事。这是因为小帆船没有龙骨来稳定它的重心，出现风力突然增加或者操作不当等情况时，船只也许就会翻覆。在翻船之后，水手也会掉进海里。这不是可怕的事情。当你很快浮出水面后，要做的第一件事情就是找到已经翻覆的船，以最快速度去抓住它。

人船分离会有什么后果？在一般训练中，你的身旁都会有教练开着快艇保障你的人身安全，但这并不代表教练会帮助你做所有的事情。当风力较大，船只翻覆后你要是没有及时抓住船只，它很有可能会被风浪带到离你越来越远的地方去。那时候你要游泳追上去可就不再是一件简单的事情了。另外，在船只翻覆后，以最快的速度回到船边并完成覆舟正船动作，能让你尽快从水中脱离出来。身体在水中待久了，容易感到疲惫乏力；冬天的海水更是会降低体温，让你感到寒冷。

所以记住：在任何时候都要保证人船不分离，无论是在训练中、玩耍中还是比赛中。如果船只发生翻覆，你需要以最快的速度回到船边，再接着完成覆舟正船动作。

拒绝落单 | 不要单独航行

单独航行的教训

在俱乐部里，有一位小朋友处于青春叛逆期，属于大人说往东，他就非得往西的阶段。在一次训练中，教练已经提前讲好航行区域，大家伙也都表示听得很清楚。可一到海上，他就把教练的话忘到九霄云外，对着很远的灯标直直开去。教练看在眼里，准备给他一个小教训。

那天风力中等偏大。当风力突然变大时如果水手控制不当，船只就有可能翻覆。果不其然，在离教练艇 200 米左右的地方，他的船只发生翻覆。在风浪不算小的情况下，要将船只扶正会比风平浪静时困难几分。好在他也算是一个有经验的小水手，没过几分钟就回到船里继续航行。过了约 10 分钟，船又翻进了水里。由于覆舟正船需要一些体力，这次过了好几分钟船都没翻过来。整个过程，教练都和他保持一定距离观望。到这时教练艇才开到他的船边，帮助他将船扶正。

“你知道今天假如我没有过来，后果会怎样吗？”教练开始和他交流。

“我就在海里休息一阵，没什么大不了。”他不屑一顾地说。

“刚刚我一直都在远处观察你。首先，在第一次翻覆后，你的体力已经无法再次覆再正船。假如我没有过来，你就只能泡在海里，四周也没有人可以帮你。其次，这里是航道，来往有许多货运大船和快艇，他们在风浪里根本看不见你。而你泡在水里，哪里都去不了。最后，水温会使你的体温慢慢降低，你在水里只会越来越疲惫，知道这有多危险吗？”

“嗯……”他似乎明白了一些，又不甘心地问，“那世界上不是有一个人开帆船去环球的航海家吗？我怎么不行？”

“这个问题你问得很好。世界上确实有单人环球的航海家。但你知道他们为实现单人环球，努力准备了多少年吗？大多都是几十年。他们不但有合适的船只，还有雷达、食物、GPS以及各种辅助装备。你如果有这个梦想，那很好。但是现在还远不是时候。”教练语重心长地告诉他。

“我知道了。以后我都待在航行区域里，好好训练！”

tips

在海上，教练给我们提供的不仅仅是技术上的指导，更重要的是安全保障。有教练在时，如果你身体不适或者感觉不大好，教练可以及时把你带回岸上休息。这也就是为什么我们不建议在学习阶段就去独自航行的原因。因为在现阶段，这是十分危险的一件事。

第五章
大海与星辰

我们的世界是这颗蔚蓝色的行星，

星球上有71%的表面积被海水覆盖。

假如你掌握了驾驶帆船的技术，

你将有机会去探索这71%的广袤海洋。

同时，你也是大海的守护者之一，

如果你善待她，

她会派出一群可爱的海豚与你同行，

还有世界上最美的日落和日出。

海洋污染 | 不起眼的塑料

小海龟的故事

有这样一只小海龟，它在蔚蓝色的大海里独自旅行，准备去结交各类朋友。四周的海水通透湛蓝，突然它看见一根细长的五彩缤纷的小管子。小海龟被激发出极大的好奇心，欢喜地围着它闻来闻去。

一个不小心，它把这根管子吸进了自己的鼻子里。这下可把它疼坏了，它试图摇晃脑袋、甩动身体来摆脱这根管子，可所有的努力都无济于事。小管子死死堵住它的鼻孔，卡得小海龟生疼，可它别无他法，只能带着这根管子继续生活下去。

慢慢地，小海龟长成一只成年海龟。它看起来和其他的海龟似乎没什么不一样，可是它日日夜夜受着那根小管子的折磨——它并不开心。

多年后的一天，它在沙滩上休息。路过的人类发现它鼻孔里的异物，决定帮助它拔出来。三个人齐上阵，两人按住海龟，一人拿着钳子夹住小管子往外拔。

拔小管子的时候，不断有血从海龟的鼻子里流出。海龟更疼了，拼命挣扎想要逃脱。要知道，这根小管子嵌在海龟的鼻子里已经好多年了，早已和它的肉连在一起。人类为了帮助它，努力把小管子全部拔了出来。

人们看着拔出的小管子——那就是一根我们再熟悉不过的塑料吸管！足足有 10 厘米长的塑料吸管，多年前不知被谁随手丢入海里，最后成为小海龟多年的梦魇。

这只是万千海洋生物被环境污染所伤害的其中一个真实的例子。有报道称，每年有 13 万头小鲸类被塑料缠绕。而在白令海中，每年有 4 万只北方毛皮海豹被塑料缠绕致死。

微塑料的大危害

大部分的塑料，在海里需要上百年的时间才能被自然降解。这就是说，一个人随手往海里扔进一个矿泉水塑料瓶，这个塑料瓶在海里存在的时间也许会比这个人的生命还要长。更严重的是，塑料垃圾在海里经过风吹日晒，会逐渐分裂成非常小的塑料颗粒。这些直径小于10毫米，大多数小于5毫米的塑料颗粒被人们称为微塑料。微塑料很小，也不会消失，但它们造成的危害实在不容小觑。

要知道，地球是一个大的生态圈，所有的一切都会相互关联影响。微塑料随着风力、河流、海洋漂流到世界各地，包括大西洋、太平洋、极地和深海。想想看，这些“不起眼”的微塑料被小鱼大鱼吃进肚子里，它们有的因此生病甚至死亡，有的存活下来最后又被送进人类的厨房。谁都不想吃塑料瓶对不对？那么我们不妨从源头开始行动，杜绝塑料垃圾进入海洋。

我们能做什么

1. 出海自备水壶，减少塑料产品的使用；

2. 在海上不丢垃圾，有垃圾先揣进口袋，带回岸上扔进垃圾桶；

3. 训练中看到海上有塑料垃圾，捡回岸上扔进垃圾桶；

4. 告诉你的家人、朋友，保护环境是一件很酷的事情，争取让更多人加入进来。

航海游戏打通关

在帆船训练中有一系列有趣的游戏。这一节我们就来看看具体有哪些游戏，想想看你要是真的驾驶一只帆船，能打通关吗？

第一关 船长来了

●要准备什么

在岸上找一片空地，摆放一只船，叫上一群小伙伴。

●大家怎么玩

1. 根据裁判喊出的不同口号，大家围绕着船做不同的动作。做错或者反应太迟钝者淘汰，直到选出冠军。淘汰的小伙伴们在一旁做助理裁判。

2. 口号和动作

★左舷！——跑到船的左舷；

★右舷！——跑到船的右舷；

★船头！——跑到船头；

★船尾！——跑到船尾；

★清理甲板！——蹲下假装用手在清理地板；

★爬上绳索！——做出正在爬绳梯的动作；

★小心横杆！——做出低头的动作，“避免脑袋被横杆打到”；

★船长来了！——原地立正，敬礼并说：“是的，船长！”；

★鲨鱼来袭！——两两组队，一个人背起另一个；

★船长夫人！——每人行屈膝礼；

★小心空袭！——蹲下并用双手捂住脑袋，直到裁判喊出“解除”才能动；

tips

解锁技能

通过这个游戏，你能清楚分辨船上的部件，并能根据指示做出相应的反应。欢迎你成功解锁了作为小水手的第一项技能！

第二关 队列游戏

● 要准备什么

穿戴好你的个人装备，出海吧！

● 大家怎么玩

在海上，所有的船跟着教练的快艇排成一列。教练也许会适当地加速、减速或者转弯。所有的帆船要跟着前面的帆船，不能碰撞、超船或者驶离队伍以外。犯规的船可是需要到队伍最后重新列队的噢。

● 通关秘籍

在第二关航海游戏中，你要重点关注船只的航行方向和速度。通过船舵来控制方向，通过帆的收放和船只方向的配合来控制速度。可别撞船噢。

★迎风加速：保证航行角度和帆收紧，小心“魔鬼”区域。

★迎风减速：松帆，让帆像一面旗子一样在空中飘扬。

★横风加速：适当收紧帆，稍微提起稳向板一些。

★横风减速：松帆，让帆完全发飘。

★顺风加速：提起一半稳向板，松帆让帆兜着风带你飞。

★顺风减速：放下稳向板，适当收紧帆。

tips

解锁技能

几次犯错后你要吸取经验，争取能一直保持自己在船队里。达到目标后，说明你已经解锁船只操作、加速以及减速技能。恭喜你，已经能够基本掌控船只了！

第三关 追上前面的船

●要准备什么

出海！

●大家怎么玩

你和另外一个小伙伴各自驾驶一只小帆船，保持船头和船尾相对地停在教练艇的两侧。当教练吹响哨音时，开始围绕教练艇绕圈，追击另一只船，谁追上谁赢。

●通关秘籍

船速在这个游戏中是你的通关秘籍。在上一关航海游戏中，我们已经了解要如何在各种情况下加速。在这一关里，你会不断地换舷、偏转方向，而如何在操作船只的同时尽量减少失速就是最重要的通关秘籍。要想追上别人，先练好换舷吧！

tips

解锁技能

在围绕教练艇绕圈时，你需要做迎风换舷和顺风换舷动作。而想要追上你的对手，就要求你保持良好的船速，完成优质的换舷。如果你能在这个游戏中追上周围的所有小伙伴，那你就成功解锁迎风换舷和顺风换舷技能！

第四关 “病毒”感染

●要准备什么

一大块湿海绵和船

●大家怎么玩

出海。湿海绵就是“病毒”，教练随机把它扔到某只船上，这只船就是“病毒船”。“病毒船”需要追赶上其他船只并把海绵扔进另一只船，才算成功摆脱病毒。假如海绵被丢进海里，原来的“病毒船”需要拣回海绵，继续追赶。

解锁技能

tips 假如你能够让船跟着你的想法前进、加速、转弯、减速，那么你就能熟练掌控船只，成为厉害的小水手。

●通关秘籍

假如你能在前三关航海游戏顺利通关，那么恭喜你来到最有趣的“病毒”感染环节。要想在这一关取得胜利，除了具备良好的船只操作能力外，你还需要有精准的投球技术。更重要的是，一旦“病毒”成功入侵其他船只，你需要立刻提高船速远离它。

航海家 | 海洋文化先锋

你知道地图是怎么来的吗？古时候的人四处走动，把周围的事物都一五一十地画在图纸上，就是地图。而对于大海，从古至今世界上有许多优秀的水手，通过驾驶帆船去探索广袤的海洋，到达未知的陆地和岛屿。这一节我们就来认识认识那些航海家，看看你都知道谁。

郑和

“郑和七下西洋”的故事大家都耳熟能详。他原名马和，是明朝时期的云南人，在战乱中被带到朱棣的燕王府，成为燕王的亲信。后来立下战功，被明成祖朱棣在南京亲笔御书“郑”赐姓，从此被人们称为郑和。

1405 到 1430 年，郑和七次率领舰队下西洋，共走访亚洲和非洲共计三十多个国家和地区，最远曾到达如今的东非索马里、肯尼亚以及波斯湾等地，堪称世界航海史上之盛举。郑和也因此成为我们的民族英雄，引以为傲的航海家。

彼得·詹姆斯·布莱克爵士
(Sir Peter James Blake)

彼得·詹姆斯·布莱克爵士是新西兰的民族英雄。1995年，他作为船长带领新西兰队，驾驶“黑魔力”号（Black Magic）以5比0打败美国队，赢得美洲杯冠军；2000年，依旧是彼得·詹姆斯·布莱克爵士带领新西兰队，以5比0击败意大利队再次赢得美洲杯冠军。这使得新西兰成为世界上除了美国以外，第一个卫冕美洲杯的国家。

克里斯托弗·哥伦布
(Christopher Columbus)

1451年，哥伦布出生在意大利。1492年，他成功说服当时的西班牙女王伊莎贝拉资助他出航去探索新航线前往印度。哥伦布率领3条大帆船，从西班牙巴罗斯港扬帆出大西洋，直直地向正西航去。经过七十个昼夜的艰苦航行，1492年10月12日凌晨终于登陆。直到1506年逝世，哥伦布一直认为他到达的是印度。但其实他率领舰队抵达的是美洲大陆。虽然哥伦布并不是第一位抵达美洲大陆的欧洲人，但他的到来却实实在在改变了历史的进程。

郭川

2012年11月18－2013年4月5日，他一个人驾驶40英尺级帆船完成不间断环球航行，并打破世界纪录；他是第一位完成沃尔沃环球帆船赛全部赛段的中国人，被称为“中国职业帆船第一人”…… 郭川是中国当代的航海冒险家，是值得我们敬佩的船长。不幸的是，2016年10月，郭川在挑战单人不间断跨太平洋创纪录航行中于夏威夷海域不慎落入水中，失联至今。

我们的大帆船赛

中国杯帆船赛
深圳

中国杯帆船赛创办于 2007 年，是中国历史上第一项国际性大帆船赛事，亦是唯一以“中国杯”命名的大帆船赛事，也是亚太地区最大规模的 Beneteau First 40.7 统一设计组别大帆船赛事。2010 年被列入国际帆联联合会官方赛历，四次荣获“亚太地区最佳帆船赛事”，跻身“2017 最具投资潜力体育 IP Top5”。

中国杯举办 11 年以来，迅速成长为亚洲地区最具影响力的国际性大帆船赛事，近年来参赛船只规模已超过 130+，吸引包括 2017 美洲杯冠军新西兰酋长队等国际顶级赛手参赛。累计约 200 家媒体和 1000 名媒体记者对赛事进行现场报道，其中不乏国际权威主流媒体 CNN、BBC、ESPN、路透社、新华社等。同期举行的“青少年公开赛”，汇聚了来自全国各地的顶尖小选手角逐 OP、RS 等多个组别奖项。中国杯致力于推广帆船运动海洋文化，除了将赛场打造为海上嘉年华，全年更以家庭为中心开展各类培训体验活动，倡导“全家一起来航海”。

环海南岛国际大帆船赛
海南

环海南岛国际大帆船赛由国家体育总局和海南省人民政府主办，是国际旅游岛建设上升为国家战略之后，海南倾力打造的大型高端国际品牌赛事。

柳州国际内河帆船赛
柳州

中国·柳州国际内河帆船赛创办于2011年，完成了由“名人帆船邀请赛”到“国际内河帆船赛”的升级蜕变；经历了从填补中国在内陆河举办正式帆赛的空白，到从一项普通内河帆船赛事逐步走上国际化、专业化的道路。

城市俱乐部国际帆船赛
青岛

城市俱乐部帆船公开赛又名城市俱乐部国际帆船赛，创办于2010年，英文简称CCOR，赛事每年一届，每年的4月25-29日为固定举办时间。

“中国俱乐部杯”帆船挑战赛
厦门

“中国俱乐部杯”帆船挑战赛是在中国帆船帆板协会的指导下，由厦门顽石航海俱乐部于 2005 年创办的大帆船比赛。每年定期举办的中国航海俱乐部之间的联赛，目的是填补中国在航海俱乐部之间正式比赛的空白，推动中国帆船航海运动的发展。

“司南杯”大帆船赛
西沙

“司南杯”大帆船赛创立于 2012 年，是我国目前唯一拥有西沙航线，且离岸距离最远的专业帆船赛事。

中国大学生帆船锦标赛
深圳

中国大学生帆船锦标赛升级为已成功举办六届的“海峡两岸高校帆船赛”，国内众多赛手和赛队通过大学生赛事成功实现了航海梦，甚至成为顶级航海职业赛手。

“湘江杯”国际帆船赛
长沙

首届“湘江杯”帆船赛，是国内规模最大的在内河举办的帆船赛事，内河的水文条件决定了赛事自身的特点，也赋予它独特的赛事魅力。首届湘江国际帆船赛在引进和运作过程中，通过结合长沙城市的特质，对自然资源与文化旅游资源进行了一系列的整合，使得 2015 湘江国际帆船赛成为一项独具特色与魅力的赛事。

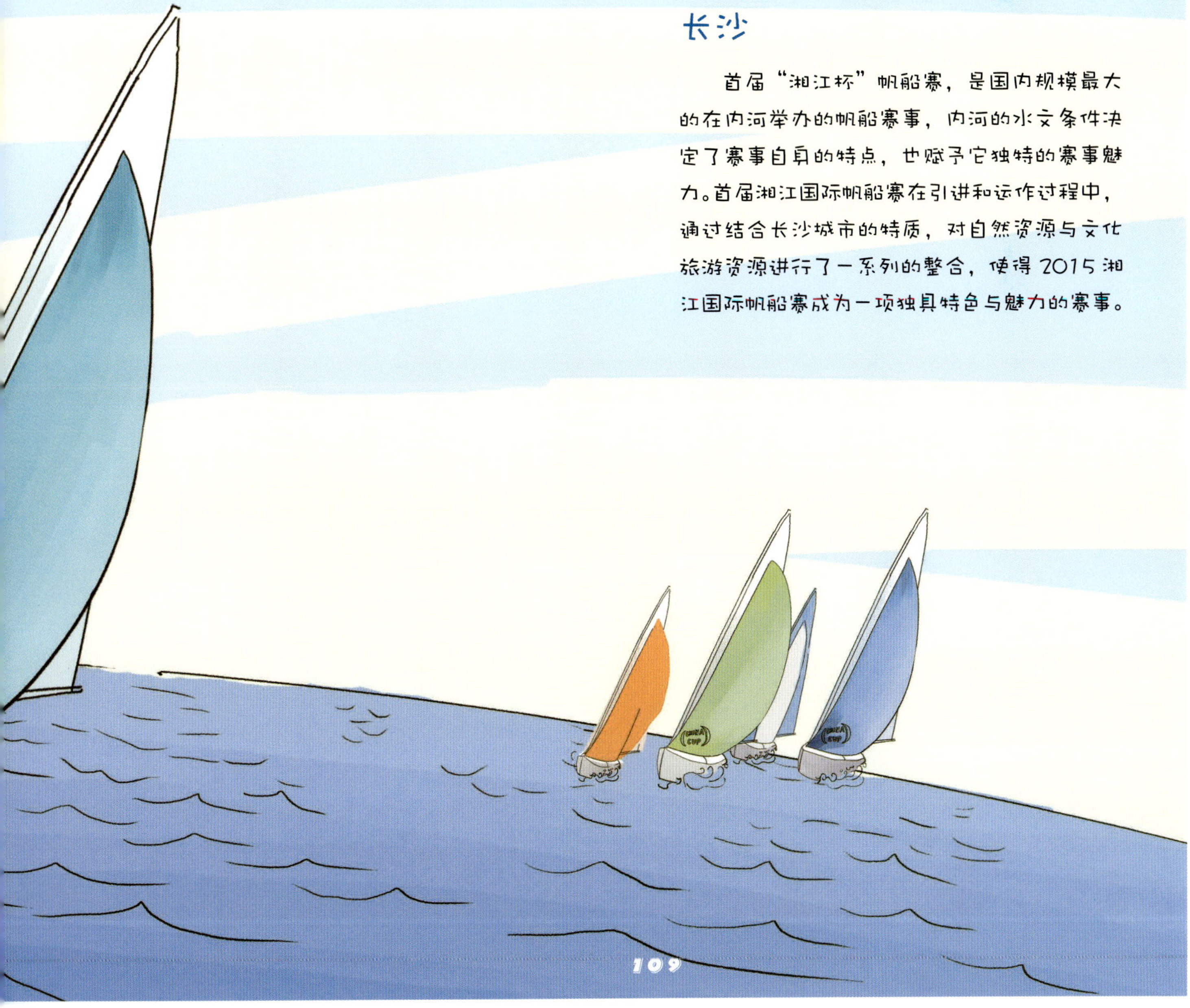

世界上还有哪些牛哄哄帆船赛？

美洲杯帆船赛（America’s Cup）

如今的美洲杯赛船 AC45 双体帆船，船速可以超过 60 公里 / 小时，还能“飞起来”航行在水面之上，是帆船中的“战斗机”。而美洲杯帆船赛起源于 1851 年，到今天已有超过 160 年历史，是与奥运会、世界杯足球赛以及一级方程式赛车并称为“世界范围内影响最大的四项传统体育赛事”。

沃尔沃环球帆船赛（Volvo Ocean Race）

沃尔沃环球帆船赛是世界上历时最长的职业体育赛事，也是全球顶尖的离岸帆船赛事，并与美洲杯帆船赛和奥运会帆船比赛并称为世界三大帆船赛事。前身起源于 1973 年的怀特布莱德环球帆船赛（Whitbread Round the World Race），自从第一届赛事的第一艘赛船从英国起航至今，这项赛事已经发生了许多改革。

旺代单人不间断环球帆船赛（Vendee Globe）

一个人，一只船，不间断，环球。这有多难？世界上完成旺代比赛的人比登上世界第一高峰珠峰的人还要少。始于 1989 年，每 4 年一届，到今天已经举办过 8 届比赛。对于许多航海圈的水手们来说，旺代帆船赛是他们的终极目标和梦想。

西班牙国王杯帆船赛（Copa Del Rey）

西班牙国王杯帆船赛是欧洲最重要的赛事之一，赛事最早可以追溯到 1982 年，当时西班牙巡航协会和帕尔马皇家航海俱乐部举办了第一届比赛，共有五十多支赛队慕名参赛。现每年都有来自全世界上百艘赛船，上千名顶级水手在这里竞逐扬帆。国王杯历届赛事都得到西班牙王室的极大关注，现任国王菲利普六世既是参赛选手，也是近几届赛事颁奖晚宴的主持人，西班牙皇室对帆船的热爱简直是雷打不动的家庭传统。

悉尼至霍巴特帆船赛
（Rolex Sydney Hobart Yacht Race）

悉尼至霍巴特帆船赛，被公认为世界上最艰难的帆船赛事之一，每年圣诞翌日起航，首次举办于 1945 年，赛程共 628 海里。从 2002 年开始，国际知名腕表品牌 Rolex 就成为悉尼霍巴特帆船赛冠名赞助商；2015 年第 71 届悉尼 - 霍巴特帆船赛迎来首支中国大陆船队 - 诺莱仕 AK232 及金华班曙光号。截止目前为止，参赛船队最高纪录是 1994 年的 371 支。

环球航行 | 一名水手的终极梦想

你到码头上去问水手们：“你的航海梦想是什么？”他们大多会回答你：“我想开一只帆船去环球。”

航海环球是什么概念？我们居住的这个椭圆形的蔚蓝色行星不大也不小，不到7座万里长城连起来就可以沿着赤道包围它。但是，地球表面只有29%是陆地，其余71%均被海水覆盖。假如你选择环球航行，这颗星球上还有71%的面积等待着你去探索。

地球

人们把地球划分为四大洋和七大洲。四大洋为太平洋、大西洋、印度洋、北冰洋；七大洲为亚洲、非洲、北美洲、南美洲、欧洲、大洋洲和南极洲。人们在地球虚拟地画出一些横线（纬线）和竖线（经线），并且给它们都标注上数字。它们的交点可以用来定位世界上的所有位置。

好望角

人们常把好望角误认为是非洲大陆的最南端，其实距离它东南偏东方向约150km、隔佛尔斯湾相望的厄加勒斯角才是实至名归的非洲最南端。但好望角在历史上却是个“名人”，它的发现让欧洲国家把扩张的目光投向东方，他们的船只绕过好望角来到东方进行贸易。

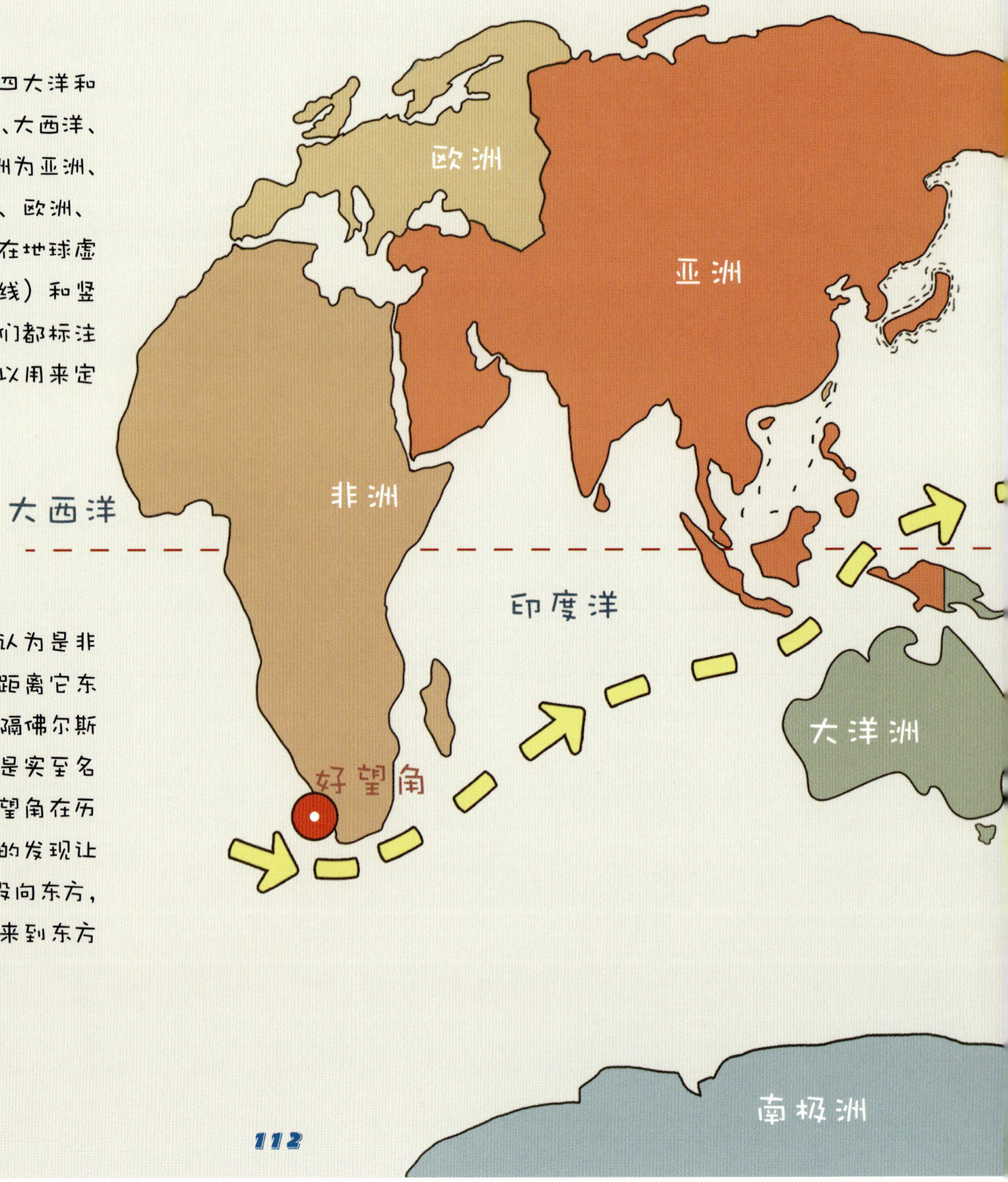

航海圈的“成人礼”

在西方的海军生活中有这么一项庆祝活动：每一名海军的第一次穿越赤道。后来这项传统也延续到帆船运动中，当水手们驾驶帆船跨越赤道时，大家会为他庆祝一番。而庆祝的方式丰富多样，有的在船上唱歌跳舞、有的在脸上涂涂画画、有的装扮成搞笑的模样……一般来说，在航海圈里，跨越赤道后的水手就不再是“新手”了。

南太平洋岛国

电影《楚门的世界》（The Truman Show）中，楚门一心一意想去的斐济就是南太平洋岛国之一。南太平洋岛国地区在世界上第一大洋——太平洋的西南方向，这里除了澳大利亚和新西兰之外还有 27 个岛国，拥有超过 1 万座岛屿。当地的人们大多保持着原始而传统的生活方式，清爽海风吹过椰子树，湛蓝透底的海水拍打沙滩。天然舒适的自然环境吸引着世界各地的游客们来到这里度假游玩。

跨越合恩角

合恩角在南美洲大陆的最南端。以前人们还没有发现南极大陆时，合恩角被视作世界的最南端。那里常年刮着肆虐的西风，平均风力达到 40-50 节，平均浪高 10 米，再加上冰冷刺骨的海水，历史上曾有五百多艘船只在这里沉没，两万余人葬身海底。人们也因此把合恩角称为“海上坟场”。但即便如此，每年还是有经验丰富的水手驾驶帆船尝试跨越合恩角。

写在后面的话

航海是人类适应海洋环境的活动方式，也是文明交流的载体。迄今有记录的航海历史至少8000年以上，中国有着悠久的海洋文明，源远流长。近年来，随着我国社会经济高速发展，与世界各地区间的交流与互动日益紧密，以帆船运动为代表的航海休闲活动已成为越来越多人所喜爱的文化体育和生活方式。21世纪，走向海洋、发展海洋、繁荣海洋已成为我国社会经济发展的重要方向，而国民意识的提高是实现这一目标的思想基础，海洋意识是国家海洋软实力的重要基础，是中华民族向海发展的内在动力。

中国杯帆船赛每年的成功举办，旨在普及海洋文化，发展帆船运动，不断增强全民族的海洋意识，并在青少年一代打下良好的海洋事业基础。推广青少年航海运动、开展青少年帆船培训，有助于提升青少年的海洋意识、海权意识、海防意识，增进青少年团队合作精神，促进德智体全面发展。

为满足人们系统、专业地学习帆船游艇驾驶技术的需求，中国杯核心团队于2009年成立纵横四海帆船游艇驾驶培训学院，开展大帆船近岸及离岸培训，继而成立御风者航海会专注开展青少年帆船运动的推广和培训。“全家一起来航海”既是我们的目标，也是中国航海人的担当和使命。

航海需要传承，希望更多的青少年加入航海大家庭。借本次绘本教材出版之际，祝愿各位读者开卷有益、学以致用，助力中国的大航海事业走向辉煌。

中国杯帆船赛组委会副秘书长

深圳市纵横四海航海赛事管理有限公司 CEO

深圳市纵横四海航海俱乐部 理事长

2017年07月

附录

蒲氏风力表

蒲氏风级	风的名称	陆地情况	风速(节)	波浪	海面情况	浪高(米)
0	无风	静，烟直上	1	无	海面如镜	-
1	软风	炊烟能表示风向，风向标不动	1-3	无	海面生鳞状波纹，波峰无泡沫	-
2	轻风	风拂面树叶有声，普通风标转动	4-6	无	微波，波峰光滑而不破裂	0.2-0.3
3	微风	树叶信小枝摇动，旌旗招展	7-10	小波	小波，波峰开始破裂，泡沫如珠，波峰偶泛白沫	0.6-1
4	和风	地面扬尘，纸片飞舞，小树干摇动	11-16	轻浪	小波渐高，波峰泛白沫	1-1.5
5	清风	有叶之小树摇摆，内陆水面有小波	17-21	中浪	中浪渐高，波峰白沫较多，偶起浪花	2-2.5
6	强风	大树枝摇动，电线呼呼有声，举伞困难	22-27	大浪	大浪形成，泛白沫，波峰渐广，渐起浪花	3-4
7	疾风	举伞摇动，迎风步行有阻力	28-33	巨浪	海绵涌突，白浪泡沫沿风成条，浪涛渐起	4-5.5
8	大风	小枝吹折，行人不易前行	34-40	狂浪	巨浪渐升，波峰破裂，浪花明显成条，沿风吹起	5.5-7.5
9	烈风	烟囱屋瓦等将被摧毁	41-47	狂涛	猛浪惊涛，海面渐呈汹涌，浪花白沫增浓，能见度减低	7-10

参考文献

[1] 中国杯帆船赛．拥抱蓝水——中国杯帆船赛传奇十年，2016:168-171.

[2] 深圳市纵横四海俱乐部有限公司．游艇与帆船操作培训教材 [M]. 中国时代经济出版社，2015:239-251.

[3] Bill Gladstone, Racing Tactics[M]. USA: North U, 2013:42-46.

[4] Gaz Harrison, Teach Dinghy Sailing[M]. England: Wiley Nautical, 2008: 7-12.

[5] Penny Whiting, Sailing with Penny Whiting[M]. New York: Penguin Group, 2002:24-31.

[6] Steve Sleight. Start Sailing[M]. Hampshire: The Royal Yachting Association, 2007:28-29.

[7] Mark Orams. Blake:Leader[M]. New Zealand: Random House New Zealand, 2009:163-168.

[8] Jeremy Evans, The Complete Sailing Handbook[M]. Wigston: Hermes House, 2012:76-81.

[9] 万明．释“西洋”——郑和下西洋深远影响的探析 [J]. 南洋问题研究 ,2004(04):11-20+96.

[10] 孙承君，蒋凤华，李景喜等．海洋中微塑料的来源、分布及生态环境影响研究进展 [J]. 海洋科学进展 ,2016(04):449-461.

[11] 许冠忠，周长城，肖春．帆船比赛组织与实施 [M]. 青岛：中国海洋大学出版社 ,2008:93-98.

[12] 廖琴，曲建升，王金平等．世界海洋环境中的塑料污染现状分析及治理建议 [J]. 世界科技研究与发展 ,2015(02):206-211+217.

图书在版编目（CIP）数据

跟小御学航海：开始航行 / 齐云飞，刘海岚主编
. -- 上海 : 华东理工大学出版社，2017.7
ISBN 978-7-5628-5112-7

Ⅰ. ①跟… Ⅱ. ①齐… ②刘… Ⅲ. ①帆船运动
Ⅳ. ①G861.419

中国版本图书馆CIP数据核字(2017)第161517号

总 顾 问 / 钟　勇
总 策 划 / 晓　昱
主　　编 / 齐云飞　刘海岚
执行策划 / 张　晓
撰　　文 / 黄于迅
插　　画 / 张鹤然
联合出品 / 万物文化 & 御风者航海会

策划编辑 / 丁　毅
责任编辑 / 舒欣如
出版发行 / 华东理工大学出版社有限公司
地址：上海市梅陇路 130 号，200237
电话：021-64250306
网址：www.ecustpress.cn
邮箱：zongbianban@ecustpress.cn
印　　刷 / 上海盛通时代印刷有限公司
开　　本 / 889 × 1194　1/16
印　　张 / 7.5
字　　数 / 110 千字
版　　次 / 2017 年 7 月第 1 版
印　　次 / 2017 年 7 月第 1 次
定　　价 / 45.00 元